中华青少年科学文化博览丛书·科学技术卷 >>>

图说公路轻骑兵——摩托车 >>>

中华青少年科学文化博览丛书·科学技术卷

图说 >>>>>

公路轻骑兵
——摩托车

吉林出版集团有限责任公司 | 全国百佳出版单位

图说公路轻骑兵——摩托车

前 言

摩托车是日常生活中常见的轻便交通工具。

作为一种现代化的地面交通工具,摩托车具有速度快、体积小、油耗低、机动灵活、驾驶操作方便、维修简单等特点。

随着环保理念的深入和环保意识的提高,人们越来越提倡绿色出行。同时,交通管理部门也加强了对摩托车行驶的限制。电动车的出现更是迅速取代了摩托车的作用。在城市中,摩托车日益淡出了人们的生活。

于是许多人认为,摩托车将会被消费者和历史所淘汰。但也有人认为,摩托车在广大农村会有牢不可破的市场需求。

对摩托车爱好者来说,那种驾驶乐趣是无法取代的。

本书共分为六章,主要围绕摩托车的发明与演变、工作原理、日常保养,以及故障的检查与排除方面入手。

我们还编辑了一些有关摩托车品牌的知识,来扩大青少年读者朋友的视野。

目 录

第1章 初识摩托车——灵巧的轻骑兵

一、摩托车的发明和演变 …………… 10
二、摩托车的分类 …………………… 14
三、摩托车主要性能 ………………… 22
四、摩托车常用术语 ………………… 27
五、摩托车驾驶者的必备品 ………… 33
六、摩托车的选购 …………………… 38

第2章 摩托车的工作原理及构造——精巧而协调

一、摩托车的工作原理 ……………… 42
二、摩托车的发动机 ………………… 44
三、摩托车的化油器 ………………… 47
四、摩托车的传动系统 ……………… 50
五、摩托车的行驶系统 ……………… 54
六、摩托车的操纵系统 ……………… 56
七、摩托车的电气设备 ……………… 60

第3章 摩托车的日常保养——常养常新

一、摩托车日常保养的作用和要求 … 65

目 录

二、新车磨合期的维护……………… 67
三、摩托车的例行保养……………… 70
四、摩托车的定期保养……………… 72
五、发动机的保养…………………… 74
六、化油器和蓄电池的保养………… 78
七、制动器和离合器的保养与调整… 81
八、变速器和链条的保养与调整…… 84
九、冬季摩托车的保养方法………… 86

第4章 摩托车常见故障的检查与排除

一、摩托车常见故障的检查………… 89
二、离合器的故障与排除…………… 94
三、起动机构与变速器的故障……… 96
四、行车与操纵、制动装置的故障
　　与排除…………………………… 98
五、电气设备故障与排除…………… 102
六、点火系统故障…………………… 106
七、灯光、喇叭故障………………… 111

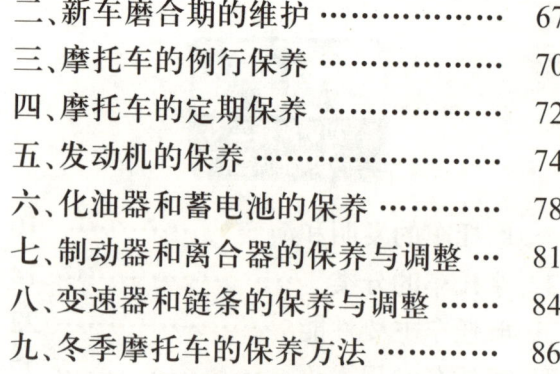

第5章 摩托车的安全驾驶——呵护你我的生命

一、摩托车在一般道路上的驾驶…… 113
二、坡道驾驶技术…………………… 116
三、市区驾驶要注意………………… 119

四、摩托车的特殊路况驾驶 ……… 122
五、夜间驾驶要求 …………………… 124
六、如何通过桥梁与铁路 …………… 126
七、不同天气下的摩托车驾驶 …… 127
八、安全驾驶须知 …………………… 129

第6章 世界知名摩托车——各领风骚

一、哈雷 …………………………… 132
二、杜卡迪 ………………………… 135
三、本田 …………………………… 138
四、雅马哈 ………………………… 140
五、铃木摩托车 …………………… 143
六、道奇战斧 ……………………… 146
七、钱江 …………………………… 148
八、豪爵 …………………………… 151
九、宗申 …………………………… 154
十、标致摩托车 …………………… 157

第1章

初识摩托车
——灵巧的轻骑兵

- ◎ 摩托车的发明和演变
- ◎ 摩托车的分类
- ◎ 摩托车主要性能
- ◎ 摩托车常用术语
- ◎ 摩托车驾驶者的必备品
- ◎ 摩托车的选购

一、摩托车的发明和演变

第1章 初识摩托车——灵巧的轻骑兵

1885年8月,德国人戴姆勒发明了世界上第一辆摩托车,并获得了德国专利。戴姆勒制造的摩托车是采用单缸立式四冲程汽油发动机。其工作容积为264毫升,额定转速为700转/分钟,额定功率为0.37千瓦。该车采用木制车架和车轮,发动机输出的动力经变速机构(两个挡位),由皮绳传动给后车轮,驱动车辆前进。由于木质结构的车轮不能承受较大的冲击,从而限制了最大车速的提高。这辆摩托车的最高车速为12千米/小时,第一次试车时仅行驶了3千米。

19世纪末,欧洲制造出相当完备的自行车,当时已采用了充气轮胎、金属辐条、脚踏驱动、链条传动等装置。完备自行车的出现为制造机动脚踏两用车奠定了良好的基础。

1897年,法国米·威尔涅尔兄弟两人将单缸四冲程汽油发动机安装在自行车上,这是世界上第一辆机动脚踏两用车。发动机的气缸工作容积为217毫升,额定转速为1200转/分钟,额定功率为0.55千瓦,最高车速为20千米/小时,发动机输出的动力经皮绳传递给前车轮,驱动车辆前进。

1899年,法国的捷·吉·布当将单缸四冲程汽油发动机安装在三轮

世界上第一辆摩托车

初识摩托车——灵巧的轻骑兵

机动三轮车

车上,制造出了世界上第一辆机动三轮车。发动机的工作容积为238毫升,额定转速为2000转/分钟,额定功率为1.3千瓦,最高车速为50千米/小时。

随着科学技术的发展,摩托车的结构不断得到改进,发动机由单缸发展到多缸,由传统化油器发展到电喷供油。传动形式由皮绳传动发展到链条传动、轴传动、齿轮箱传动和皮带无级变速传动。为了适于高速行驶,发动机的安装位置由车架前端移至车架下面或座垫下部。为了保证行驶安全,制动装置由蹄式改为液压钳式,高速摩托车还采用了防抱死制动装置。为了减轻车辆上下颠簸,前后车轮都采用了弹性悬挂,并设置了各种减震器。

摩托车工业的兴起,首先是在资本主义发达的欧洲国家。第一次世界大战期间,摩托车开始用于军事,使摩托车在战争中初露锋芒。第二次世界大战期间,摩托车已广泛用来装备机械化部队,从而促进了欧、美摩托车工业的迅速发展。第二次世界大战后,日本引进欧、美的先进技

军用摩托车

术和管理经验,在发展小型汽油机的基础上使摩托车工业迅速发展。

20世纪60年代,日本的摩托车产量已跃居世界第一位。目前,日本有摩托车王国之称,其产量占世界总产量的40%左右。俄罗斯、美国、意大利、德国、法国等国家的摩托车产量也较大。世界摩托车约有2000个品种,年总产量约为3000万辆,其保有量约为20000万辆。据统计,世界平均每35人拥有一辆摩托车,而我国的台湾省平均2.3人就拥有一辆摩托车,人均保有率居世界首位。

机动三轮车

机动三轮车与人力三轮车不同,它是用非人力动力,如内燃机动力即汽油或柴油发动机,以及电力发动机或太阳能发动力为动力源的机车,同时装配有三个轮子的交通工具。

我国生产的三轮摩托车

二、摩托车的分类

我国摩托车的种类繁多,从不同的角度可以把它们分成若干具有不同特点的类别。国家标准主要规定了摩托车与轻便摩托车的区别。凡发动机的气缸工作容积在50毫升以内,最高设计车速不超过50千米/小时,供单人乘骑的两轮摩托车称为轻便摩托车。例如,嘉陵牌CJ50型轻便摩托车、建设牌JS50型轻便摩托车和木兰牌QM50QW型轻便摩托车等,其发动机的气缸工作容积均小于50毫升,最高车速也不超过50千米/小时。

凡发动机的气缸工作容积大于50毫升,最高设计车速超过50千米/小时,或者空车重量不超过400千克的两轮(或三轮)机动车,称为摩托车。例如,嘉陵牌JH70型、重庆牌CY80型、南方牌NF125型、五羊牌WY125型等摩托车,发动机的工作容积均大于50毫升,最高车速也都超过50千米/小时。

普通摩托车

普通摩托车

骑式或坐式车架,轮毂基本直径不小于304毫米,适应在公路或城市道路上行驶的两轮摩托车。

微型摩托车

坐式或骑式车架,轮毂基本直径不大于254毫米,适应在公路或城市道路上行驶的两轮摩托车。

微型摩托车

越野摩托车

骑式车架,宽型方向把,越野型轮胎,剩余垂直轮隙及离地间隙大,适应在非公路地区行驶的两轮摩托车。

越野摩托车

普通赛摩托车

骑式车架,狭型方向,把座垫偏后,轮毂基本直径不小于304毫米,装有大功率、高转速发动机,专用于特定跑道上竞赛车速的两轮摩托车。

普通赛摩托车

微型赛摩托车

坐式或骑式车架,轮毂基本直径不大于254毫米,装有大功率、高转速发动机,专用于特定跑道上竞赛车速的两轮摩托车。

微型赛摩托车

越野赛摩托车

具有越野性能,装有大功率发动机,专用于非公路地区竞赛车速的两轮摩托车。

越野赛摩托车

特种摩托车

经过改装之后用于完成特殊任务的两轮摩托车。

边三轮摩托车

在两轮摩托车的一侧装有边车的摩托车。

普通边三轮摩托车

用于载运乘员或货物的边三轮摩托车。

普通边三轮摩托车

特种边三轮摩托车

装有特种装备,用于完成特殊任务的边三轮摩托车。

特种边三轮摩托车

正三轮摩托车

装有以前轮为基准而对称分布的两个后轮的摩托车。

正三轮摩托车

普通正三轮摩托车

普通正三轮摩托车

用于载运乘员或货物的正三轮摩托车。

专用正三轮摩托车

装有专用设备，用于完成指定任务的正三轮摩托车。

专用正三轮摩托车

知识卡片

气缸

所谓气缸,是指引导活塞在其中进行直线往复运动的圆筒形金属机件。工质在发动机气缸中通过膨胀将热能转化为机械能;气体在压缩机气缸中接受活塞压缩而提高压力。涡轮机、旋转活塞式发动机等的壳体通常也称"气缸"。气缸的应用领域:印刷(张力控制)、半导体(点焊机、芯片研磨)、自动化控制、机器人等等。

气缸

第1章 初识摩托车——灵巧的轻骑兵

三、摩托车主要性能

摩托车的使用性能是指其适应各种使用条件而发挥最大工作效率的能力,主要有:动力性、制动性、操纵稳定性、燃油经济性、行驶平顺性、通过性、可靠性、起动性、耐久性、最大噪声及排污等性能。

动力性

动力性是指摩托车加速、上坡和最大速度方面的能力。

动力性是摩托车各种使用性能中最基本、最重要的一种性能。动力性较好,摩托车就会具有较高的速度、较好的加速能力和上坡能力,从而保证摩托车有较高的平均行驶速度。

动力性一般以其最大车速、加速能力、最大爬坡度来评价。摩托车达到的最高车速越高,加速时间越短,可克服的最大道路坡度越大,则动力性能越好。摩托车的动力性能主要

大功率发动机

与摩托车发动机的最大功率和最大扭矩有关。

制动性

摩托车行驶时能在短距离内停车且维持方向稳定,以及下长坡时能维持一定车速的能力称为制动性能。

制动性能的好坏直接关系到摩托车的行车安全,只有在良好的制动性能下,才能充分发挥其动力性能。

摩托车制动性能的好坏主要由以下三方面来评价:

◆ **制动效能**

制动效能是指在良好路面上,摩托车以一定初速度制动到停车的距离、摩托车制动时的制动减速度或摩托车的制动力。它是制动性能最基本的评价指标。制动距离越短、制动减速度越大或制动力越大,则表明制动效能越高。

◆ **制动效能的稳定性**

制动效能的稳定性也称为抗热衰退性能。摩托车高速制动或下长坡连续制动时制动效能保持的程度,称为抗热衰退性能。

◆ **制动时摩托车的方向稳定性**

就是制动时摩托车不发生跑偏、侧滑以及丧失转向能力的性能。制动时,摩托车的方向稳定性,常用制动时摩托车按给定路径行驶的能力来评价。如果制动时发生跑偏、侧滑或丧失转向能力,则摩托车将偏离原来的路径。

制动效能

操纵稳定性

操纵稳定性是指在驾驶员不感到过分紧张、疲劳的条件下,摩托车能遵循驾驶员通过方向把及转向车轮给定的方向行驶,且当摩托车遭遇外来干扰时,能抵抗干扰而保持稳定行驶的能力。

燃油经济性

燃油经济性是指摩托车耗油量的大小。燃油经济性常用一定运行工况下,摩托车行驶百公里的燃油消耗量来衡量。燃油经济性评价指标的单位为升/100千米,即行驶100千米所消耗的燃油(升)数值越大,则燃油经济性越差。

行驶平顺性

行驶平顺性就是保持摩托车在行驶过程中,乘坐者所处的振动环境有一定舒适度的性能。由于平顺性主要是根据乘坐者的舒适程度来评价,所以它有时又称为乘坐舒适性。

油箱

舒适的摩托车座椅

通过性（越野性）

通过性是指摩托车能以足够高的平均车速通过各种坏路和无路地带（如松软路面、坎坷不平地段和各种障碍）的能力。通过性越好，则摩托车使用的路况越广，平均速度也可能越高。

可靠性

摩托车在一定行驶里程内不发生故障或损坏的可能性。包括完全不出故障的行驶里程和主要零件不出故障的行驶里程。摩托车不发生故障或损坏的行驶里程越大，则其可靠性越高。

起动性

起动性能是指摩托车在最短的时间内起动行驶的能力。摩托车的起动过程所需要的时间越短，则表明起动性能越好。

耐久性

耐久性一般指摩托车的使用寿

图说公路轻骑兵——摩托车

舒适的摩托车座椅

命。使用寿命越长，就说明耐久性越好。

噪声及排污

摩托车在加速行驶时产生的最大噪声，是环境保护法规中强制控制的一项重要指标。一般希望摩托车行驶中具有较低的噪声。

排污性能以摩托车汽油发动机怠速时，排放废气中的有害气体碳氢化合物（HC）和一氧化碳（CO）的浓度含量来表示。摩托车的排污也是环境保护法规中强制控制的一项重要指标。

 知识卡片

性能

性能作为中药学术语应用时，泛指药物的四气、五味、归经、升降沉浮、补泻等特性和功能（在此也可作"效果"）。产品性能是指产品具有适合用户要求的物理、化学或技术性能，如强度、化学成份、纯度、功率、转速等。

四、摩托车常用术语

长度

摩托车的总长度是指垂直于纵向中心平面且分别与车辆前、后端相接触的两个铅垂面之间的距离。

高度

摩托车的总高度是指支承面与接触车辆顶端（后视镜除外）的水平面间的距离。

宽度

摩托车的总宽度是指平行于纵向中心平面且分别与车辆两侧（后视镜除外）相接触的两个平面之间的距离。

轴距

轴距是指前、后车轮轴中心之间的距离。

后视镜

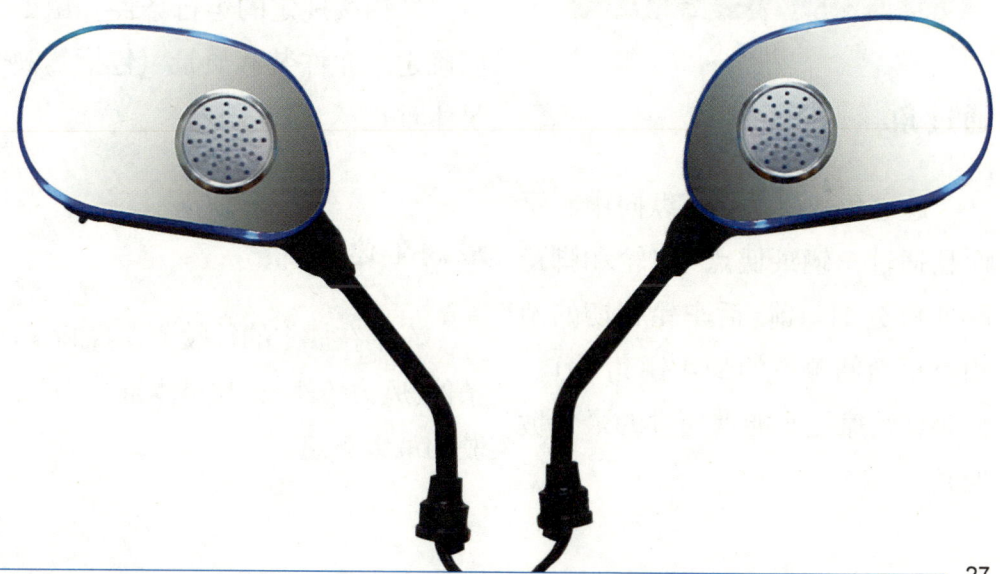

轮距

轮距是通过两个后车轮或后车轮与边轮中心之间的距离。

最小离地间隙

最小离地间隙是指除前、后车轮和挡泥瓦外,处在轴距内的最低点与地面之间的距离。

挡泥瓦

通过角

通过角是指垂直于纵向中心平面且通过车辆最低点(车轮和脚蹬除外),分别与前、后车轮相切的两相交平面间测得的最小锐角(a)。该角度是摩托车能够通过的最大坡度角。

脚蹬

车辆净质量与空车质量

车辆本身的重量称为车辆净质量。车辆净质量加上燃油、备胎、车工具等,称为空车质量。

最大允许装载质量

车辆按规定的运行条件,由工厂确定的允许装载质量(包括驾驶员体重)。

最高车速

车辆在规定的行驶条件(如道路条件、风力条件、驾驶员体重等)下行驶的最大车速。

经济车速

车辆在规定的行驶条件下行驶100千米,燃油消耗量为最少时的车速。

经济油耗

车辆在规定的行驶条件下,以经济车速行驶,每行驶100千米时所消耗的燃油(指纯汽油)量。

起步加速性能、超越加速性能和加速时间

车辆从初速度为零加速到指定车速的能力,称为起步加速性能。车辆从指定的初速度加速到另一指定车速的能力,称为超越加速性能。

车辆从初速度为零加速到指定车速或从指定的初速度加速到另一指定车速时所需的时间,称为加速时间。

可靠性与耐久性

产品在规定条件下和规定的时间内,完成规定功能的能力,称为可靠性。

经济车速为100千米/时

产品在规定的使用和维修某种技术或经济指标极限时完成规定功能的能力,称为耐久性。

道路试验

车辆在道路上进行的各项行驶试验,如道路行驶试验、燃油消耗量试验、滑行试验、起动性能试验、加速性能试验、最小稳定车速试验、最高车速试验、爬坡能力试验、制动性能试验、噪声试验等。

上止点和下止点

活塞在气缸内作往复运动的两个极限位置,称为止点。活塞运动到离曲轴旋转中心最远时的位置称为上止点。活塞运动到离曲轴旋转中心最近时的位置称为下止点。

活塞冲程

上止点与下止点之间的距离,称为活塞冲程。二冲程发动机,曲轴转一周,活塞要走完两个冲程。

活塞环

气缸工作容积(排量)

上止点与下止点之间的气缸容积,称为气缸工作容积或排量。气缸工作容积与气缸直径的平方、活塞冲程的大小成正比。气缸直径越大,工作容积越大,发动机的功率也就相应增大。

对单缸发动机,气缸工作容积就是排量。对多缸发动机,所有气缸工作容积之和,称为气缸总排量。

燃烧室容积

活塞在上止点时,活塞顶部上面的气缸容积称为燃烧室容积。

气缸总容积

活塞在下止点时,活塞顶部上面的气缸容积称为气缸总容积,气缸总容积等于气缸工作容积和燃烧室容积之和。

15 分钟功率

15 分钟功率是指在标准大气压状况下,环境温度为 20℃,大气压为 760 毫米水银柱,空气相对温度为 50%,汽油发动机保持连续运转 15 分钟所能发出的最大有效率。摩托车发动机标定的功率都是 15 分钟功率。

额定功率

额定功率是指在标准大气压状况下,汽油发动机保持连续正常运转 12h 所能发出的最大有效功率。

最大功率

当节气门全开时,汽油发动机允许在短时间内运转的最大净功率。

燃油消耗率

单位有效功率每小时消耗的汽油量,简称油耗率。在无特别说明时,燃油消耗率即指标定工况下的燃油消耗率。

分离润滑

对二冲程汽油发动机,装有独立的润滑系统,根据汽油发动机的运转条件供给汽油机润滑油,以润滑汽油发动机的各运动件。

活塞阀进气

以活塞控制进气的二冲程汽油发动机的进气形式。也称为缸体进气。

旋转阀进气

以旋转阀控制进气的二冲程汽油发动机的进气形式。一般分为轴向旋转阀进气和径向旋转阀进气。

簧片阀进气

以簧片阀自动控制进气的二冲程汽油发动机的进气形式。一般分为曲轴箱簧片阀进气和缸体簧片阀进气。

无触点点火

用电子自动点火代替机械断电器的点火方式。

簧片阀

单缸发动机

单缸发动机是所有发动机中最简单的一种,它只有一个气缸,是发动机的基本形式。单缸发动机工作时,曲轴每转一圈(二冲程)或两圈(四冲程),气缸内的混合气点火燃烧一次,从声音和振动上,能明显地感到发动机的工作是断续的,排气也是"突突"的断续声。

五、摩托车驾驶者的必备品

头盔的选用

头盔的选购。驾驶人的头盔(也称安全帽)分为全封闭式和半封闭式两种。在温度较低的环境中,驾驶速度较高的摩托车,适于带全封闭式的安全帽。全封闭式安全帽具有刚性大和防寒作用好等特点。在气温较高的环境中行驶,不宜戴全封闭式安全帽,因为全封闭式安全帽密封性较好,呼出的二氧化碳不能及时排出帽外,帽内空气不新鲜,长时间戴在头上有时会使人感到瞬时的眩晕,容易造成车祸。因此,全封闭式安全帽仅适宜冬天戴,并且要经常摘下,要勤换帽内的空气。

半封闭式安全帽克服了全封闭式的缺点,人的面部与外界直接接触,有明显的速度感。由于半封闭安全帽密封性差,防寒能力低,因此适于车速较低的轻便摩托车驾驶人使用。

头盔的使用注意事项

◆ 尺寸合适

确认头盔是否合适,可以戴上头盔后用手指插入头盔和头的间隙中,绕头盔转一圈,如果没有特紧或特松的地方,并且感觉舒适轻盈,不闷气,就算合适。

头盔

◆ 视野广阔清晰

视野角度在 105 度左右，无遮蔽现象。

◆ 听觉通畅

能清晰地听到左右有声音，不闭塞，不振动和无噪声。即使头盔尺寸合适，在太阳穴部位也会有间隙，造成行驶中的风声很大，使骑乘者对其他车辆的反应滞后，同时也会因为噪声产生疲劳。这时应该用海绵等填充物塞住间隙。

◆ 系紧带子

头盔带系的松紧程度要适当，不紧不松。长出的带子如果自由放着，在行驶时会摇摆，甚至打得人脸面发疼。因此，长出的带子应该通过锁扣使其固定。如果只戴头盔没系带或带子后移，会造成压迫呼吸道而引起窒息。

驾驶人的防风镜

摩托车在高速行驶时，灰尘、沙粒和飞行的小昆虫等容易进入驾驶人的眼睛，因此，摩托车驾驶人必须戴防风镜。为了确保人身安全，应使用有机玻璃防风镜。为了不妨碍视线，防风镜要宽大一些。

镜片的颜色可根据天气及季节选择。夏天光线强烈，可戴淡绿色或淡蓝色的镜片；冬季可戴茶色等暖色

摩托车驾驶者的必备品——风镜

调的镜片;夜间行驶时应用无色的镜片,这样透视性好,易于判断道路及行人的状况。也可以选用变色平光镜,这样的镜片可根据光线的强弱自动改变镜片颜色的深浅。

摩托车服

摩托车同汽车不同,驾驶人身体完全暴露在外,直接受到相对高速运动的风的侵袭。尤其在冬季及北方寒冷地区,容易造成皮肤干裂,严重者造成冻伤,膝关节造成关节炎。为了保护皮肤,驾驶人应穿保暖性好的衣服,即使无特制的防护衣也要穿得尽量暖和一些。使用驾驶服时,应注意以下几点:

一是驾驶服的颜色应鲜艳醒目,领圈、袖口、裤口处应收紧。不能穿袖口过于宽大、衣襟飘拂的宽松衣裤(女性不允许穿裙子)。

二是冬天行驶,驾驶服要保暖,两腿应穿皮裤,脚应穿皮靴。

三是驾驶人最好穿两套驾驶服,里面一套是紧身服,以保护膝、肘关节为主,还可应用护膝;外面一套是防寒服,以挡风御寒、防尘土为主。

四是雨天不宜穿过于肥大、易飘的雨衣,一般用塑料或绸布雨衣。

摩托车驾驶者的必备品——摩托车服

手套

手套不仅可以防尘和御寒,还有缓冲车把对手掌的振动及吸汗防滑的作用。所以驾驶人无论是春夏秋冬都应戴手套,并且因季节不同选用手套。夏季宜用吸汗、透气性好的线手套;冬季宜用皮棉或单皮手套,手套腕部要长些,以防袖口进风。不论哪种手套，手掌面要柔软，手背面最好有防护层。另外，手腕不可勒得过紧，以免影响操作。

摩托车驾驶者的必备品——手套

摩托车驾驶者的必备品——皮靴

皮靴

鞋与手套同等重要。驾驶人尽量穿用驾驶靴，可保暖、防碰撞。平常人们所穿的一般皮靴、皮鞋或球鞋也可代替。穿鞋时应注意以下几点：

①选购驾驶靴时，应紧固而柔韧，轻便且合脚。

②不宜穿用皮底鞋，否则在操作时易打滑。相反，鞋底的花纹也不宜太深，否则可能挂到脚踏板上造成危险。

③不宜穿露脚跟、脚趾的凉鞋，更不宜穿拖鞋。

 知识卡片

雨衣

雨衣是由防水布料制成的挡雨衣服。雨衣适用的防水布料有胶布、油布和塑料薄膜等。现代的雨衣防水布料注重透气性，常用的如特制尼龙等。透气型雨衣利于人在穿着防雨时湿热的水气从雨衣内散出，增加舒适度。

初识摩托车——灵巧的轻骑兵

摩托车赛

37

六、摩托车的选购

摩托车的用途和性能

根据用途来决定摩托车的性能要求,并力求经济,这是购车总的思路。

第一,如果是为了短途交通使用,且是单人使用,一般购买轻便摩托车即可。

第二,如果用来作长途旅游,或是经常双人使用,则应购买排量较大的车型。

第三,如果既要载人,又要载货,则选择带有前后货架的车型。

第四,如果打算在城乡间作长途货运,则购买功率大、越野性好的二轮或三轮摩托车。

在选型时,最好找一些有关国内外摩托车技术参数、产品说明等资料查阅一下,综合考虑其技术性能。一般来讲,家庭购摩托车主要关心的是可靠性、动力性和经济性。可靠性可用两个概念来衡量,即完全不出故障的行驶里程(一般为2000～20000千米)和主要部件不出故障的行驶里程(一般为3000～150000千米);动力性主要可考虑承载能力和车速。需要注意的是,最大载质量并不是经济使用的最佳载荷,一般情况下以不超过最大

前后货架的车型

初识摩托车——灵巧的轻骑兵

电动摩托车

载质量的80%为宜（可按排量来推断最佳载荷，即1毫升相应1千克）；车速一般随排量增大而升高，选择时应考虑具体的使用条件（如路面情况、拥挤情况等），不可一味地追求高速。

摩托车的开销

在购买摩托车之前，应对一辆摩托车的日常开销有一个大概的了解，除了购车时所付的车款外，还有一些较固定的支出项目。

◆ 折旧费（年平均购车成本）

一辆摩托车每年的折旧费等于购车费减去卖车收入（如果车用旧后卖掉的话），然后除以使用年限。一般使用条件下，国产车使用年限为4～5年，进口车为5～10年。

◆ 燃油费

计算每年需支出的燃油费用，可

39

先估算出每年的行驶里程，然后乘以每公里耗油量和每升燃油的价格。

◆ 维修费用

此项费用不可知成分较大，可按购车费的20%～30%进行估算。

◆ 其他费用

可将上述几项开支加起来取其总和的10%左右作为其他的不可预测的开支。

以上几种费用加起来，便是一辆摩托车一年的基本开销，对此，心中要有数，并根据家庭经济收入情况来慎重考虑购车事宜，选择车价和耗油量等主要经济性能参数。

使用者的情况

对摩托车使用者的情况（如身体情况、兴趣爱好等），如果是老人或妇女使用，则应选择车速较低、操纵驾驶简单、排量较小的坐式车；如果是

越野性好的三轮摩托车

有较高车技的男青年购买，则可以考虑选择功率较大、造型雄健潇洒的运动型摩托车。其次，要考虑使用条件，如果在平原地区使用，车速可以稍高，如果在山区使用，则要求较高的爬坡能力、储备功率和越野性。

 知识卡片

动力性

动力性指标主要由最高车速、加速能力和最大爬坡度来表示，是机车类使用性能中最基本的和最重要的性能。在我国，这些指标是机车制造厂根据国家规定的试验标准，通过样车测试得出来的。

第2章

摩托车的工作原理及构造
——精巧而协调

◎ 摩托车的工作原理
◎ 摩托车的发动机
◎ 摩托车的化油器
◎ 摩托车的传动系统
◎ 摩托车的行驶系统
◎ 摩托车的操纵系统
◎ 摩托车的电气设备

一、摩托车的工作原理

第2章 摩托车的工作原理及构造——精巧而协调

摩托车是利用安装在车架上的发动机发出动力,通过离合器将动力传递给变速器,再通过万向节传动轴把动力传给后传动装置,最后从后传动装置的被动齿轮将动力传给车轮,推动摩托车行驶。

发动机的作用

通过燃油供给系统吸进汽油与空气组成的混合气,经压缩后由点火系统点燃爆发,推动活塞和曲柄连杆机构,从而把燃烧后产生的热能变为使曲轴旋转的机械能,即发动机发出了动力。

离合器的作用

根据需要将发动机的动力与传动机构进行平稳的接合或彻底的分离。譬如,摩托车换档时,必须分开离合器,使发动机的动力与传动机构分离,变速器才能无冲击地变换到所要的档位上去;当需要将发动机的动力传递到传动机构时,则需接合离合器,这样发动机的动力便通过离合器的摩擦作用平稳地传递到传动机构上去;当摩托车需要制动或暂时停车时,可分开离合器,将发动机的动力与传动机构分离,再制动

发动机

将摩托车停下,这样可保证摩托车停止行驶而发动机却继续运转。

离合器

变速器

变速器的作用

首先是改变摩托车的行驶速度和力量(牵引力)大小,以满足在不同道路条件下的行驶要求。比如,当摩托车起步或爬坡时,需要增大牵引力用来克服道路阻力,变速器必须挂低档;当摩托车加速时,也必须通过变速器挂较高档位才能实现。其次是利用变速器的空档可以切断发动机动力与传动部分的联系。譬如,发动机起动时,必须使变速器挂空档才能实现。

知识卡片

曲柄连杆机构

柄连杆机构是往复式内燃机中的动力传递系统。曲柄连杆机构是发动机实现工作循环,完成能量转换的主要运动部分。在作功冲程中,它将燃料燃烧产生的热能活塞往复运动,由曲轴旋转运动转变为机械能,对外输出动力;在其它冲程中,则依靠曲柄和飞轮的转动惯性,通过连杆带动活塞上下运动,为下一次作功创造条件。

图说公路轻骑兵——摩托车

第2章 摩托车的工作原理及构造——精巧而协调

二、摩托车的发动机

发动机是摩托车产生动力的装置。它的作用是通过燃油供给系统，吸进汽油与空气组成的混合气，经活塞压缩后由点火系统点燃爆发，推动活塞和曲柄连杆机构，从而把燃烧后产生的热能变为使曲轴旋转的机械能，即发动机发出了驱动摩托车行驶的动力。

摩托车发动机有四冲程发动机和二冲程发动机两种。四冲程发动机是指活塞需要四次行程（曲轴旋转两周）才能产生一次动力、完成一个工作循环的发动机。二冲程发动机是指活塞只要两次行程（曲轴旋转一周）就能产生一次动力、完成一个工作循环的发动机。

那么摩托车发动机的构造是怎样的呢？

曲柄连杆机构

它的作用是把燃烧气体产生的压力经过活塞、活塞销传给连杆，再由连杆推动曲轴旋转，把活塞的往复直线运动转变为曲轴的旋转运动。最后经传动系的传递而使摩托车后轮旋转，产生驱动力而驱

摩托车的发动机

摩托车的工作原理及构造——精巧而协调

曲柄连杆

润滑油

动整车行驶。

配气机构

它的作用是适时地使可燃混合气进入气缸,并将燃烧后产生的废气排出。

润滑系统

它的作用是给相互摩擦的机件表面供给润滑油,减少运动机件的摩擦阻力和磨损。

散热片

冷却系统

它的作用是保持发动机具有正常的工作温度。摩托车一般采用散热片的空气冷却方式。

点火系统

其作用是适时地供给足够强度的电火花,点燃气缸内的可燃混合气而产生动力。

燃油系统

它的作用是储存与输送燃油,保证按发动机的工作要求,提供合适浓度的可燃混合气。

起动系统

其作用是使摩托车发动机从静止变为运转。

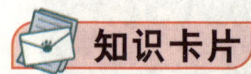

曲轴

曲轴是引擎的主要旋转机件,装上连杆后,可承接连杆的上下(往复)运动变成循环(旋转)运动。是发动机上的一个重要的机件,其材料是由碳素结构钢或球墨铸铁制成的,有两个重要部位:主轴颈,连杆颈(还有其他)。

曲轴

三、摩托车的化油器

化油器的构造

简单的化油器由上中下三部分组成,上部分有进气口和浮子室,中间部分有喉管、量孔、喷管,下部分有节气门等。浮子室是一个矩形容器,存储着来自汽油泵的汽油,容器里面有一只浮子利用浮面(油面)高度控制着进油量。中部的喷管一头进油口与浮子室的量孔相通,另一头出油口在喉管的咽喉处。

喉管呈蜂腰状,两头大中间小,其中间咽喉处的截面积最小,当发动机启动时活塞下行产生吸力,吸入的气流经过咽喉处时速度最大,静压力却最低,故喉管压力小于大气压力。

也就是说喉管咽喉处与浮子室之间产生了压力差,即有了人们常说的"真空度",压力差越大真空度越大。汽油在真空度的作用下从喷管出油口喷出,因为喉管咽喉处的空气流速是汽油流速的25倍,因此喷管喷出的油流即被高速的空气流冲散,形成大小不等的雾状耗粒,即"雾化"。初步雾化的油粒与空气混合成"混合气",经节气门、进气管道和进气

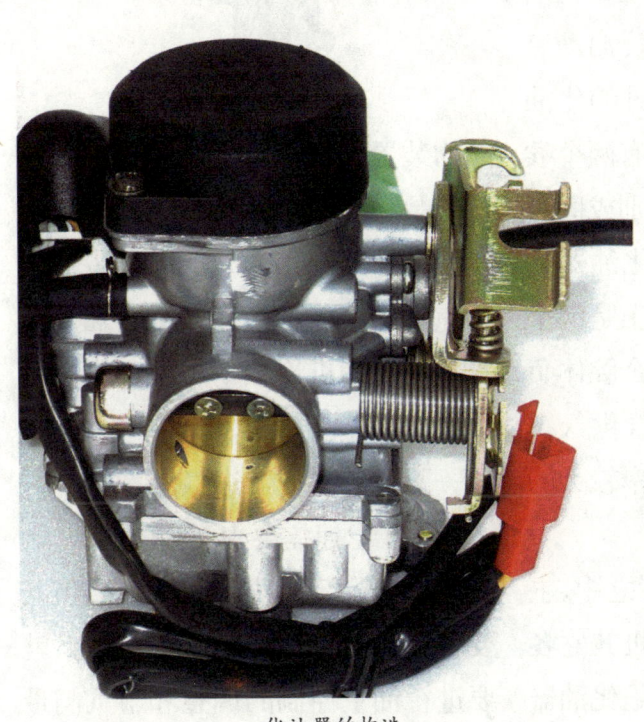

化油器的构造

门进入气缸的燃烧室。在这里，节气门的开度大小和发动机转速决定了喉管处的真空度，而节气门的开度变化直接影响着混合气的比例成份，这些都是影响发动机运行的重要原因。

由于混合气的浓度变化与发动机在各种运行条件下的负荷变化紧密相关，简单的化油器远远满足不了这种随时变化的要求，因此人们在简单化油器上不断添加新的装置用于调整化油器的工作状态。发展到今天，就形成了有多种辅助装置的化油器，主要有怠速、加浓、加速、启动等装置。目前4缸发动机常见的化油器是双腔分动式化油器，它有两个喉管，按照发动机不同工况分别或同时工作。6缸发动机常见的化油器是双腔并动式化油器，它实际上是两个单腔化油器并在一起，每一个腔体负责一半数目的气缸的混合气供气。还有多腔化油器，装配在功率较大的发动机上。

化油器的多种功能装置之中，主供油装置是除怠速外，发动机其它各种工况都需要的供油装置，是化油器的基本供油结构。怠速装置是在怠速运行时提供少而浓的混合气的装置，以维持发动机稳定的最低转速。加浓装置是发动机大负荷时额外供

化油器

油的装置，以弥补主供油不足。加速装置是当汽车加速时节气门开度突然增大时额外供油的装置，使发动机转速及功率能够迅速增高。启动装置是当发动机冷启动时提供极浓混合气的装置，常见方式是在喉管前方装一阻风门来控制进气量。

由于怠速需要少而浓的混合气，对发动机运行状况比较敏感，实现既要稳定又要最低转速的怠速状态，就要进行油量控制的调整和节气门最

小开度的调整。现在的化油器怠速装置有两个调整螺钉,分别调整油量和节气门开度。同时,为了防止汽车关闭点火开关而发动机仍然运行的现象,在化油器怠速油道中还设有怠速电磁阀,专门负责开通和截止怠速油道,保障发动机能够迅速熄火。

化油器工作原理

摩托车化油器看起来非常复杂,但是只要掌握一些原理,你就能把你的摩托车调整到最佳状态。所有的化油器都是在大气压力的基本原理下工作的。大气压是一种对万事万物施加压力的强大力量。它会有细微变化,但是通常情况下每平方英寸有十五磅压力(PSI)。这意味这大气压对任何事物的压力都是每平方英寸十五磅压力。通过改变引擎和化油器内的大气压,能够改变压力并使燃料和空气通过化油器流动。

大气压力会从高压扩散到低压。当二冲程引擎的活塞处在上止点(或四冲程引擎的活塞处在下止点)时,在曲轴箱里的活塞下面(四冲程引擎的活塞上面)会形成一个低压,同时这个低压也会引起化油器里的低压。因为在引擎和化油器外面的压力比较高,空气将会冲进化油器并且进入引擎直到压力被均衡。通过化油器流动的空气将会带动燃料,燃料将会与空气混合。

在化油器里面是一段喉管,喉管是在化油器里面迫使空气加速通过的收缩部分。突然变窄的河流能被用来举例说明发生进化油器里面的情形。河水在靠近变窄的河岸时会加快速度,如果河岸连续变窄的话将会更快。相同的事情发生在化油器里面,加速流动的空气将会引起化油器里面的大气压力降低。

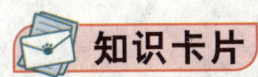 知识卡片

怠速

怠速状态是指发动机空转时一种工作状况。在发动机运转时,如果完全放松油门踏板,这时发动机就处在怠速状态。调整怠速时转速不能突高突低,否则会对发动机造成早期磨损,最好到汽车维修部门进行调整。

四、摩托车的传动系统

第2章 摩托车的工作原理及构造——精巧而协调

传动系统的作用是把发动机发出的动力,经过一定的传动装置,根据摩托车行驶时的不同工况,传到后驱动轮上,以驱动摩托车行驶。

传动系统主要由离合器、变速器、起动机构及后传动装置等组成。

离合器

离合器使发动机与变速器能够平稳地接合,将动力传到变速器。摩托车在起步前,虽然发动机已运转,但传动部件以及整个车体都处在静止状态。如果将转速比较高的发动机的扭矩一下子传给了传动装置,将导致摩托车突然前冲。这样,可能使发动机因负荷瞬时增大而导致熄火,又可能使传动系统各机件受到严重冲击而损伤。所以,在摩托车传动系统中装置了离合器,使摩托车在起步

摩托车传动系统零件-工业链

时,将发动机的动力较平稳地传给传动部件。

在摩托车不需要动力时,使发动机与变速器之间的连接迅速分离,使动力不传到变速器。摩托车行驶过程中,因道路及交通等各种原因,常需要不断地改变行驶速度,也就是要经常换档。而在换档时,必须快速切断发动机与传动部件之间的动力连接,使变速器内一对啮合紧密的齿轮分开,才能组成另一对齿轮的啮合,以改变摩托车的行驶速度。驾驶员的换档操作是在很短时间内完成的,所以要求摩托车离合器在很短的时间内切断发动机的输出动力。

另外,当摩托车紧急制动时,也要利用离合器迅速地切断发动机与传动系的动力联系,以避免发动机突然受到重负荷的冲击。

变速器

变速器是改变摩托车在行驶中的速度和牵引力,以适应不同道路条件下的正常行驶。如摩托车在起步、加速和上坡时,必须增大牵引力;而在平坦的道路上行驶时,则需提高其行驶速度。

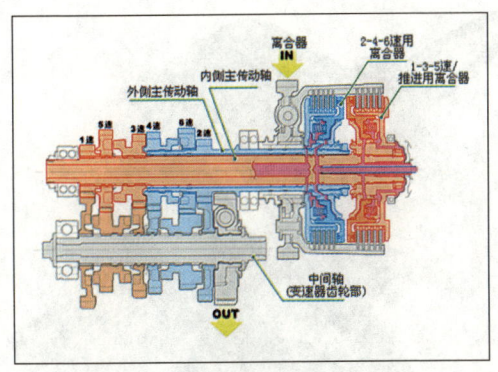

双离变速器图

起动机构

摩托车发动机在未起动之前是不能产生动力的。要使摩托车由静止状态起步行驶,需要借助外部力量使发动机的曲轴旋转,起动机构的作用就是用外部力量使发动机曲轴旋转而做功。

各种型号摩托车发动机起动机构的内部构造虽然有所不同,但都是通过起动轴使曲轴增加转速,在发动机起动的瞬间,可使发动机曲轴转速达到1000转/分钟左右,使点火系统产生一定高压,以保证发动机点火做功。发动机起动后,起动机构即自动回位到起动前状态而不再随发动机曲轴的旋转而转动。

曲轴,凸轮轴摩托车曲轴

后传动装置

后传动装置又称为二次传动装置。发动机发出的动力经曲轴齿轮和离合器外壳上的从动齿轮组成的初级减速机构、离合器、变速器后,再由链轮、链条(或其他传动形式)传给后驱动轮,从而驱动摩托车向前行驶。初级减速机构、离合器、变速器一般称为一次传动装置,而链轮、链条(或其他传动形式)传动装置一般称为二次传动装置,即后传动装置。

后传动装置有链条传动、皮带传动、轴传动等基本形式。正三轮摩托车的后传动装置一般还包括后桥、差速器等。

后传动装置的作用是:把经过离合器、变速器接合后传来的发动机动力,传递给后驱动轮,以驱动摩托车向前行驶。另一方面,后传动装置还可以增加发动机的扭矩,以满足摩托车在不同行驶工况下的需要。

链条传动

链条传动作为摩托车后传动装置的方式在国内外摩托车上比较普遍,常用在中小型功率的摩托车上。

链轮

链条传动主要由安装在变速器输出轴上的主动链轮、链条及装在后轮上的从动链轮等组成。当变速器上的主动链轮转动时,链轮的轮齿带动链条转动,于是后车轮上的从动链轮也被带动旋转起来。

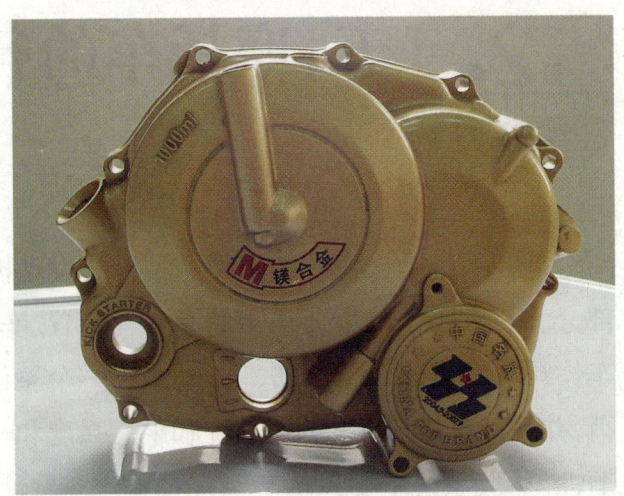

变速箱

皮带传动

有些型号的摩托车的后传动装置,采用皮带传动装置取代链传动。皮带传动主要由主动皮带轮、皮带及从动皮带轮等组成。

皮带与链条相比,伸长量明显较小,而且寿命长,拉伸强度约为链条的两倍,同时还有噪声低、不生锈、质量小(仅为同等长度链条的1/4)等优点。

轴传动

后传动装置的另一种方式是采用轴传动。轴传动即是动力由变速箱输出后用传动轴传到后轮,从而驱动摩托车向前行驶。传动轴是一根钢制的长轴,在一端或两端装有圆锥齿轮,能把转动方向改变90度。为消除悬挂装置行程造成的影响,在传动轴内刻有花键槽,使传动轴能伸缩。此外,在摆动的支点附近还装有十字轴联轴节,使传动轴能在倾斜一定角度的情况下传递动力。

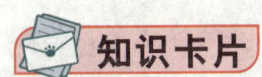
知识卡片

链轮

链轮是指带嵌齿式扣链齿的轮子,用来与节链环或缆索上节距准确的块体相啮合,一种实心或带辐条的齿轮,与(滚子)链啮合以传递运动。

五、摩托车的行驶系统

行驶系统是摩托车的重要组成部分。行驶系统的主要作用是承受车体质量和行驶中的冲击、振动载荷,并保证摩托车行驶的通过性和平顺性。行驶系统主要包括车架、前后悬挂、前后车轮及轮胎等。

车架

车架是整个摩托车的基体。它把发动机、传动系统、悬挂装置、转向装置、车轮等有机地连接起来,构成一个整体。车架不仅要求有足够的强度和一定的柔性,而且要求体积小、质量小。

悬挂装置

悬挂装置是指弹性连接车轮与车架的那些机件的总称。它包括前

车架

叉、前减振器、后支承架、后减振器等。悬挂装置起缓冲与吸收车轮在不平路面上所受冲击振动的作用,使摩托车行驶具有一定的平顺性。

轮胎

轮胎的作用是使车轮与路面间产生一定的附着力,并吸收车轮在行驶时所受到的振动,保护行路机件,使摩托车行驶平稳。

减震器

车轮

车轮与轮胎一起用来支承摩托车的总重力,并传递各种力和力矩,从而保证摩托车的正常行驶。此外,车轮上所装的充气橡胶轮胎,也能缓和路面对摩托车的冲击和振动。摩托车的前轮为转向轮,后轮为驱动轮。车轮大体上有以下几种结构型式:辐条式、圆盘式、铸造式、平面为"星"状式。

减震器

传动系统

传动系一般由离合器、变速器、万向传动装置、主减速器、差速器和半轴等组成。其基本功用是将发动机发出的动力传给汽车的驱动车轮,产生驱动力,使汽车能在一定速度上行驶。

六、摩托车的操纵系统

操纵系统直接控制摩托车行驶方向，行驶速度，是确保行车安全的一个重要组成部分，它主要包括转向装置和制动装置。

转向装置

转向装置的作用是按照驾驶员的意图，方便灵活地操纵前轮，使摩托车能改变方向行驶。转向装置主要由导向机构和操纵手把组成。

导向机构由方向柱、上联板、下联板及轴承等组成。导向机构将前叉和车架连接起来。

上联板

与下联板焊接在一起的方向柱套装在车架的车头管内。摩托车的前轴负荷经方向柱上、下联板传给前减振器，再由前减振器传给前轮。而前轮受到的路面冲击载荷又经前减振器传给上下联板和方向柱，再传至车架。因此，方向柱在工作时承受着较大的轴向负荷。为保证摩托车行驶时能灵活地转向，在方向柱上部和下部轴颈部位都装有轴向承载能力较强的单向推力向心球轴承。在轴

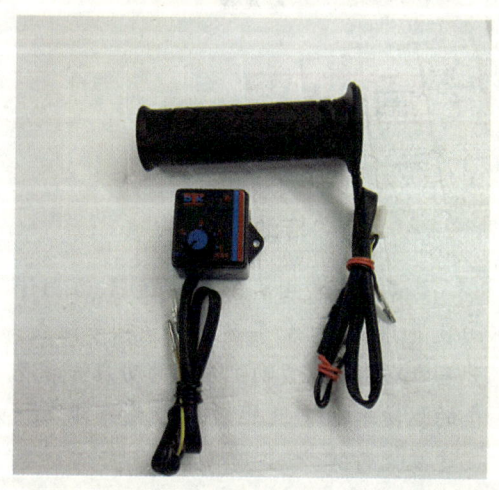

操纵手把

摩托车的工作原理及构造——精巧而协调

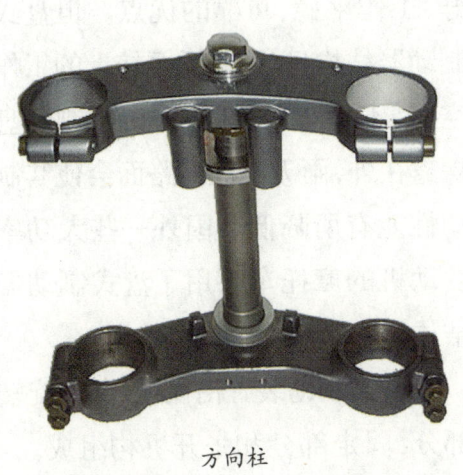

方向柱

承上部装有防尘罩,以防灰尘进入轴承内。在防尘罩上部还装有调整螺母,用来调整轴承的松紧程度。方向柱上端装入上联板的安装孔内,并用方向柱螺栓紧固。操纵手把安装在上联板上的两个半圆形固定槽内,压上两个带半圆形槽的固定盖,再用螺栓固定,这样便形成一个完整的转向装置。

制动装置

制动装置的作用是使摩托车减速或在最短的距离内制动停车。

摩托车的行驶速度越高,对制动装置的灵敏性、可靠性要求越高。目前,制动装置结构可以分为鼓式和盘式两大类,装在具有不同特点和不同用途的摩托车上。国产摩托车几乎全部采用鼓式制动器。在进口摩托车中,鼓式制动器使用得也很普遍。

从操纵方式出发,制动装置又可分为手操纵的制动器和用脚踏控制的制动器,也有的摩托车装有驻车制动器。

鼓式制动器靠钢丝绳和凸轮使其动作。盘式制动器,按其驱动方式又分为油压式和机械式两种,目前摩托车上多数采用油压式盘式制动器。

鼓式制动器

57

油压盘式制动器所用的油,一般称为制动液,主要成分是酒精,具有受热后体积变化小的特点。

鼓式制动器像一个金属制的鼓形装置。它和车轮一起转动,里面有固定不转的弧形制动蹄。制动蹄向外张开时压在制动鼓的内表面上,产生摩擦制动作用。因制动蹄向外扩张,故称为内部扩张式制动器。

盘式制动器的最大特点是制动盘暴露在外边,所以散热性能好,即使频繁地使用制动器也不会因温度升高而使摩擦力衰减,具有制动效果好,工作平稳、可靠的优点。但盘式制动器结构尺寸大,需要较大的工作空间,不易布置。同时,由于制动盘裸露在外,雨天或泥泞路面会使其制动性能有所降低。国外一些大功率发动机的摩托车采用了盘式制动器结构。

鼓式制动装置由操纵部分、旋转部分、固定部分和张开机构组成。

操纵部分由脚踏板转轴、摇杆、拉杆、压簧和摇臂等组成。旋转部分的制动鼓和轮毂制成一体,与车轮一起旋转。固定部分主要包括制动蹄和制动盘等,制动蹄可以通过凸轮轴转动张开机构使其张开。

制动时,踩下脚踏板,摇杆绕转轴摆动,拉动拉杆,压缩弹簧,使摇臂摆动,凸轮轴旋转,迫使制动蹄张开。固定不转的制动蹄上的摩擦片对旋转着的制动鼓便产生一个摩擦力矩,其方向与车轮旋转方向相反,使车轮趋向停止转动。这时路面给车轮一个与前进方向相反的作用力,这个力即称为制动力。前后车轮制动力之和,就

盘式制动器

是摩托车的总制动力。制动力迫使车轮转速下降,从而使摩托车减速停车。当放松脚制动踏板时,在回位弹簧的作用下,制动蹄恢复原位,摩擦力矩消失,制动解除。

按结构的不同可分为单盘盘式制动器及双盘盘式制动器,但工作原理是相同的。

机械控制盘式制动器的工作过程如下:当握紧转向车把上的制动握把时,就拉动了钢绳,钢绳通过一系列的机构使带有衬片的两个制动钳板向一起靠拢而夹紧制动盘,产生制动作用。

当制动衬片被磨损使厚度减小时,内部的棘轮机构自动调整钳板和制动盘间的距离。

对于油压控制盘式制动器,当握紧制动握把时,通过制动软管,把这一握力传到制动油缸,推动活塞再变成夹紧制动片的力。

盘式制动器的制动力矩的大小,不仅与油缸的压力有关,而且与制动盘的直径有关。制动盘的直径越大,得到的制动力矩越大。

制动衬片

驻车制动器

通常是指机动车辆安装的手动刹车,简称手刹,在车辆停稳后用于稳定车辆,避免车辆在斜坡路面停车时由于溜车造成事故。常见的手刹一般置于驾驶员右手下垂位置,便于使用。

七、摩托车的电气设备

摩托车所需要的电力,是由发动机功率的一部分转化而来的。发动机带动发电机发出的电先给蓄电池充电,储存起来,再根据需要,向发动机点火、照明、仪表等各系统供电。而被消耗的电又靠发动机转动带发电机发出,不断地充入蓄电池。这是一个周而复始的循环过程。

电气设备的作用是保证发动机气缸内可燃混合气的点火;整车照明;发出声响信号和灯光信号。

电气设备可以分为电源与用电装置两个部分。

电源部分包括蓄电池、发电机(或磁电机)、发电机调节器、整流器等几个部分。它供给摩托车用电装置所需的电流,并把多余的电能储存起来。

用电装置包括发动机点火系统,照明系统,信号系统,仪表装置等。

蓄电池

目前应用在摩托车上的蓄电池,都属于铅酸蓄电池。它包括正极板、

蓄电池

负极板、隔板、电解液、蓄电池壳体及附件等。正负极板、隔板及电解液都装在一个具有独立间隔的单格电池内。每个单格电池的标称电压是2V，通常由3个或6个单格电池串联起来，构成一个具有6V或12V电压的蓄电池。外面看起来，蓄电池是一个，但内部却是由数个小蓄电池排列起来组成的，并被连在一起。

在极板组中，负极板比正极板多一块，这样可以将每一块正极板都放在负极板中间，以减轻正极板在电化学反应中因反应比较强烈而引起的变形。

蓄电池是一种可逆的化学电源，可以实现反复的充电和放电。充电过程是将电能转变为化学能储存起来，放电过程是将化学能转变为电能放出。其工作原理如下：

将两块硫酸铅板浸在电解液（硫酸溶液）内，并与直流电源相接。由于电流通过，极板和电解液发生化学反应，与电源正极相连接的正极板氧化成二氧化铅，与电源负极相连接的负极板则还原成纯铅，同时电解液中的水分子变成硫酸分子，于是电解液变浓，蓄电池电压升高，此时蓄电池可以对外放电。

由于极板和电解液的化学反应产生电流，灯泡会发亮，这是放电过程。当放电结束时，化学反应停止，灯光熄灭，两块极板又重新变成硫酸铅，电解液中的硫酸分子变成水分子而成稀硫酸溶液，电解液变稀。

摩托车的蓄电池常采用干荷电蓄电池。干荷电蓄电池在极板干燥的状态下可长时间保持其储存的电能，在加注电解液、静置半小时后，不需进行初次充电即可使用。但是，当储存时间超过半年后，也应按普通蓄电池一样进行初次充电。

蓄电池的容量是确定蓄电池工作能力的一个重要指标，它表明蓄电池充足电后，在允许范围内进行放电时所能输出的电量。容量以安培小时计算，在数值上等于放电电流与放电时间的乘积。蓄电池标牌上的容量为额定容量，表示在蓄电池平均温度为30℃时，10小时连续放电所确定的容量。所用的放电电流值称为10小时连续放电的电流，即用这样的电流值放电，经10小时后，单格蓄电池的电压降到 1.7V 时所供出的电量。

蓄电池

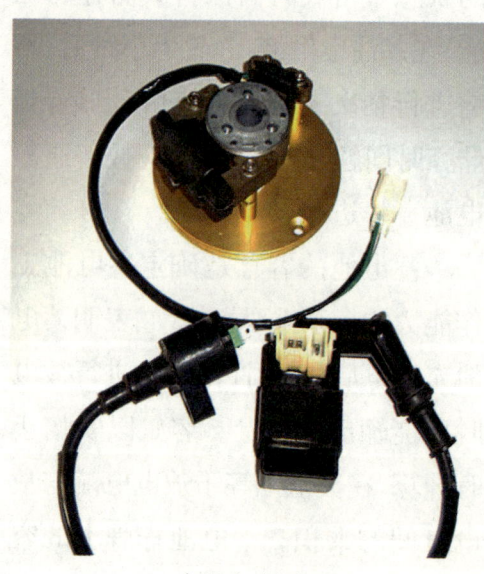

内转子磁电机

磁电机

磁电机是永磁交流发电机的简称。它是利用装有永久磁铁的转子作旋转运动,建立旋转磁场,使固定的线圈切割磁力线而发。

不同型号的摩托车,其磁电机的构造也不尽相同,一般有飞轮式磁电机和磁钢转子式磁电机两种型式。

直流发电机

大功率摩托车,一般均采用直流发电机和调节器,与蓄电池并联,向用电设备供电。

照明系统

照明系统一般由前照灯、变光开关、尾灯和仪表照明灯等组成,通常由点火开关控制。

信号系统

信号系统的作用在于发出声、光信号,显示摩托车运行状态,提醒来往车辆及行人注意,以提高行驶的安全性和机动性。信号系统主要由转向灯、电喇叭、刹车灯等组成。

摩托车的工作原理及构造——精巧而协调

直流发电机

仪表装置

仪表装置的作用是监测和显示摩托车的工作情况,主要由车速里程表、燃油表和各种指示灯组成。

 知识卡片

发电机

电能是现代社会最主要的能源之一。发电机是将其它形式的能源转换成电能的机械设备,最早产生于第二次工业革命时期,由德国工程师西门子于1866年制成。

发电机

第3章

摩托车的日常保养
——常养常新

- ◎ 摩托车日常保养的作用和要求
- ◎ 新车磨合期的维护
- ◎ 摩托车的例行保养
- ◎ 摩托车的定期保养
- ◎ 发动机的保养
- ◎ 化油器和蓄电池的保养
- ◎ 制动器和离合器的保养与调整
- ◎ 变速器和链条的保养与调整
- ◎ 冬季摩托车的保养方法

一、摩托车日常保养的作用和要求

摩托车保养的作用

使用了一段时间的摩托车,由于路面和空气中水分和泥土的作用,零件表面积满泥土或生锈;经过运动颠簸,有些零件会产生磨损,紧固松动,工作时噪声增大,润滑不良;甚至有些零件产生变形、损坏或丢失。所有这些因素,都会引起摩托车的使用性能、经济性及安全性能下降,操作灵活性变差,使用寿命缩短,也会成为交通事故的直接原因。为了使摩托车处在良好的技术状态,达到应有的技术要求,延长使用寿命,确保行车安全,有必要对所用摩托车进行合理保养。这样不仅可节

保养可提高摩托车使用效率

图说公路轻骑兵——摩托车

保养的车光崭如新

油,而且可大幅度减少维修费用,提高摩托车使用效率。

摩托车保养的技术要求

一是发动机应经常保持清洁,不漏气、不漏油,起动性、动力性和经济性良好,响声正常。

二是前后制动握把操纵灵活、轻便,制动距离应符合规定;解除制动后,制动蹄应自动复位。方向把应操作灵活,无旷动;油门转把灵活可靠。

三是离合器分离彻底,接合平稳可靠,不打滑;变速箱不脱档,无异常响声。

四是前后减振器工作可靠、性能良好;各电器部件装置齐全,性能良好。

五是各零件无损坏和锈蚀,连接紧固;随车工具齐全;轮胎气压正常;整车外观整洁。

各种摩托车随车附有《驾驶手册》,对车的保养有明确的要求,驾驶员应遵照执行。摩托车的技术保养分为例行保养和定期保养,定期保养又分为一级保养、二级保养、周期保养。

油门

油门踏板又称加速踏板,是汽车燃料供给系统的一部分。通过控制其踩踏量,来控制发动机进气量,从而控制发动机的转速。

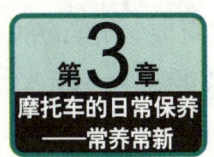

二、新车磨合期的维护

新摩托车在开始使用阶段处在磨合期,零件间的配合还不十分紧密,装配位置可能有微小的误差,当各运动零件相互剧烈摩擦时,表面温度升高,并有金属屑末摩擦脱落。如不适当控制车速,及时充分润滑,注意温度变化,就有可能使摩擦表面产生损伤,或因过热而发生咬死的现象,摩托车的寿命和性能将受到很大影响。因此,新车在磨合期磨合得好坏,影响着摩托车的可靠性和使用的经济性,是决定摩托车使用寿命的关键因素。磨合期应按下述要求进行保养:

一是磨合期规定为1500千米左右(从这辆车出厂后开始算起)。

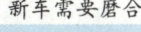

新车需要磨合

图说公路轻骑兵——摩托车

二是严禁用高档低速或低档高速行驶,不允许把新车作教练车使用。一定要控制好车速,尽量不用最高车速行驶,不得猛加油门使发动机突然高速运转,也不要在第一档位运转太久。在整个磨合期,不要采用匀速行驶,而要利用油门控制车速进行变速行驶。

三是正确驾驶操作。新车磨合期间,应在良好的路面上行驶,尽量避免爬坡和过较宽的沙滩,不超负荷行驶。

四是正确选择润滑油和配制适当比例的混合油非常重要,新鲜的润滑油能带走摩擦脱落的金属屑和降低零件表面的温度。

五是不准离合器半连动。摩托车在行驶中,如果经常使离合器处在半离合状态,则主动片与从动片之间的摩擦会加大,容易导致主动片与从动片的烧损。特别是当离合器的调整不合适时,爬大坡或在较宽的沙滩上行驶,从动片上的软木更容易被烧坏。

六是行驶 1500 千米后需要更换变速箱内的润滑油。

磨合期间应在良好的路面上行驶

摩托车的日常保养——常养常新

新车磨合

七是为了获得良好的磨合效果，应控制发动机的温度在适宜的范围内。温度过低，使润滑油的粘度变高，且汽油在燃烧过程中会生成较多的酸和水，冲淡润滑油，腐蚀机件。温度过高，会使润滑油变稀，粘度下降，破坏油膜，形成干磨擦，造成拉缸、烧毁轴承等严重事故。对水冷发动机，出水温度应保持在80℃~90℃，不要超过90℃；风冷发动机，要从缸盖或缸体的散热片来判断，缸筒周围散热片根部温度一般在130℃~170℃。

八是磨合期间应保持发动机清洁，及时排除漏油、漏气等故障。注意经常检查各部螺栓、螺母的松紧度及各种拉线、活动关节是否灵活，适当加少许润滑油。

知识卡片

润滑油

润滑油是用在各种类型机械上以减少摩擦，保护机械及加工件的液体润滑剂，主要起润滑、冷却、防锈、清洁、密封和缓冲等作用。

三、摩托车的例行保养

例行保养是驾驶员每天出车前、行车中和收车后所必须进行的保养项目,主要是清洁、检查和添加补给。

出车前的检查

一是各部位紧固件是否紧固可靠。

二是燃油及润滑油是否充足,有无泄漏。

三是前后轮胎充气压力是否符合规定。

四是前后制动器是否灵活可靠,必要时,应调整到规定要求。

五是操纵手把、油门转把是否灵活可靠。

六是照明、仪表、喇叭等工作是否正常。

七是蓄电池电解液的液面高度是否正常。

八是随车工具是否齐全。

九是倾听发动机声音,检查发动机工作状况。

行车中的保养

一是如发动机有异常响声、制动失灵、轮胎漏气或气压不足等现象时,应立即停车检修。

二是检查前后制动器的工作情况。

三是检查离合器的工作情况。

四是检查车速里程表、发动机转速表的工作情况。

五是检查方向把的工作情况。

六是中途休息时,应该检查各主要部件的连接螺栓、螺母是否松动脱落。

收车后的检查

一是清洁全车。

二是检查有无漏油、漏气现象。

三是检查各紧固件是否松动。

四是清除发动机散热片上的污泥，保持良好的散热性能。

五是检查发动机运转过程中是否有不正常的敲击声和杂声，发现有异常现象时，应及时排除。

六是检查发动机怠速和加速时，工作是否稳定，必要时应进行调整。

知识卡片

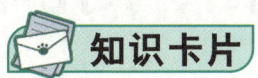

蓄电池

所谓蓄电池即是贮存化学能量，于必要时放出电能的一种电气化学设备。

做好车辆保养保障行车安全

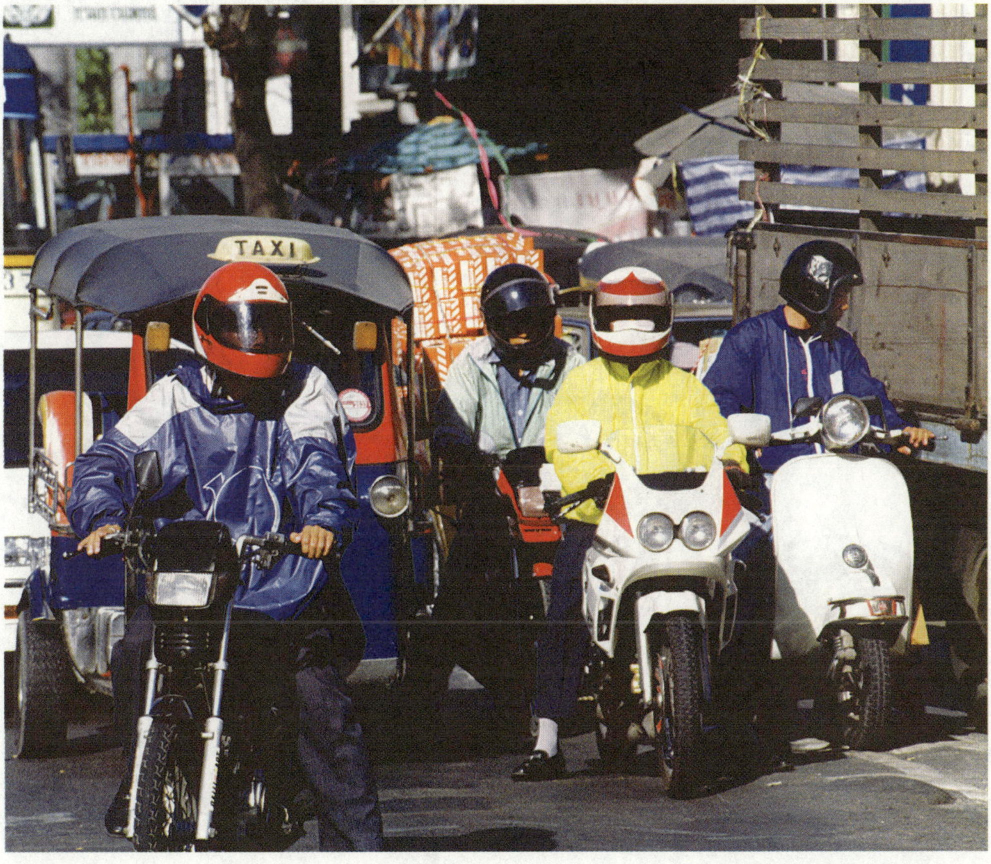

四、摩托车的定期保养

定期保养主要包括紧固、润滑、检查、调整,以及总成的解体清洗、检查调整。摩托车的定期保养主要有一级保养、二级保养和周期保养。

摩托车的一级保养

摩托车每行驶1000千米后,除每日的例行保养外,还应进行一级保养,其主要内容是:

一是检查前后制动的灵活性和可靠性。调整制动握把的自由行程,并润滑拉线和握把铰链。

二是清洁断电器触点,调整触点间隙及点火时间。

三是检查蓄电池电解液平面是否正常,不足时应及时补充蒸馏水。

四是检查全部电线接头有无松

摩托车要定期保养

动,并及时加以紧固。

五是检查前后减震元件的紧固性与减振性,如发现松动或减振性变坏,应立即进行调整或排除故障。

摩托车的二级保养

摩托车每行驶 3000~5000 千米后,应进行一次二级保养。二级保养有以下要求:

一是按一级保养项目的内容进行保养。

二是清除火花塞、燃烧室、活塞顶部、活塞环槽、排气管、消声器和气缸各孔中的积炭,然后清洗干净。

三是清洗油箱、油开关和化油器,并用打气筒将化油器各孔道吹通。

四是检查并润滑前后车轮轴承,擦拭轮圈污锈,调整辐条松紧。

五是调整传动三角胶带和链条的松紧度。

六是清洗变速箱,检查各齿轮磨损情况,同时更换新润滑油。

七是清洗滤清器及泡沫塑料滤芯,然后用 10 号车用机油浸泡,挤净

滤清器

铰链

后重新装入。

铰链

一物体 A 套在另一物体 B 的一部分 C 上,物体 A 的运动受到 C 的限制,但 A 可以绕 C 在平面或空间内(C 为球形)转动,物体 A 与 B 就构成铰链。

五、发动机的保养

清除积炭

发动机在工作过程中,由于燃烧室内可燃混合气燃烧不完全或机油窜入燃烧,而在发动机燃烧室的周围出现积炭。主要的积炭部位是在活塞顶部、活塞环槽、气缸体排气口、气缸盖底部。过多的积炭会引起发动机过热、不正常燃烧、活塞环卡死、爆震等,导致发动机损坏或动力性、经济性变差。

因此,摩托车每行驶 3500~10000 千米,应清除上述几个部位的积炭。清除时,注意不要损伤各部位的表面。可先用煤油或汽油将积炭浸软后,再用专用刀具将积炭刮掉或铲除,清除后用汽油或煤油清洗,用干净的软布擦净,重新装配好。

每汽缸四汽阀发动机的摩托车

发动机

散热片的清洁

发动机工作以后,气缸体内的热量靠气缸体和气缸盖上的散热片散失。如果散热片损坏或失效,会影响发动机的工作性能及使用寿命,因此,平时应注意保护和清洁好散热片。

新购摩托车,必须检查每一散热片是否完好,去除表面铸造疤痕。在雨天使用摩托车,要及时冲刷清洗散热片。

火花塞的保养与调整

火花塞是发动机工作的重要零件之一,它直接影响着发动机的起动和工作性能。经过长时间使用的火花塞,其电极会逐渐烧损消耗,产生积炭,电极间隙会发生变化,从而影响点火性能。

保养时,拆下火花塞,擦去周围的污垢,检查瓷体有无裂纹,清除积炭。在检查电极间隙时,最好用一定尺寸的厚薄规或钢丝,以能通过又稍有阻力为宜。调整电极间隙时,应轻轻地压下或撬起旁电极,不能用力过大,以防弯折而断裂。安装火花塞时,必须装上密封垫圈,保证良好的密封性。在用套筒扳手上紧时,应注意拧紧力矩不能过大,也不能过小。要注意避免碰坏绝缘体或碰撞电极而使电极间隙发生变化。

气门间隙的调整

气门间隙的大小直接影响着发动机的性能和可靠性。如气门间隙过小,会导致气门关闭不严,使可燃混合气吸入数量减少,功率下降,且混合气燃烧不彻底,排放严重变差;如气门间隙过大,使可燃混合气吸入数量减少,排气不彻底,发动机功率不足,机器过热,出现异常的金属敲击声。因此,保养四冲程发动机时,应注意调整气门间隙。

因为气门间隙在发动机冷态和热态下的数值是不一样的,且不同车型,间隙的大小也不同,所以在调整时应加以区别。调整方法是:拆下曲轴箱盖和气缸头盖,朝反时针方向转动发动机曲轴,让"T"标志对准曲轴箱上的标记;确定活塞在压缩上止点,用规定的厚薄规尺寸检查气门间隙,即调整螺钉与气门杆之间的间隙;如间隙不符,要先松开紧固螺母,转动螺钉,进行调整。待调好间隙后,再拧紧紧固螺母,间隙应在厚薄规塞入时不紧也不松,即稍觉厚薄规有阻力,但能轻轻拉动为适宜。

发动机润滑系统的保养

对二冲程发动机,是在可燃混合气中混入适量的润滑油,即在汽油中混入一定比例的润滑油。但在配制混合油时,必须符合规定的比例要求。如果润滑油比例过大,会使发动机起动困难,气缸内的活塞顶部、火花塞、燃烧室、排气口、消声器等机件易形成积炭,造成发动机爆燃,使其不能正常工作。如果所含的润滑油过少,则发动机功率明显下降,而且

发动机润滑油

润滑不良,会加快活塞、活塞环、气缸体等机件的磨损,甚至造成活塞环折断、拉缸等严重事故。铃木和雅马哈二冲程发动机均采用自动混合润滑系统(分离润滑)。混合前,润滑油与燃油完全分离,分别装在单独的油箱内,润滑油通过油泵进行分配。一个通道将润滑油输送到曲轴轴承、曲柄销、连杆大端上的滚针轴承上,然后被离心力甩到曲轴箱;另一个通道将润滑油输送到旋转圆盘阀(或弹簧片阀)上,润滑右曲轴轴承、连杆小端滚针轴承、活塞及气缸壁。

活塞环

活塞环是用做嵌入活塞槽沟内部的金属环,活塞环分为两种:压缩环和机油环。压缩环可用来密封燃烧室内的可燃混合气体;机油环则用来刮除汽缸上多余的机油。活塞环是一种具有较大向外扩张变形的金属弹性环,它被装配到剖面与其相应的环形槽内。

活塞环

六、化油器和蓄电池的保养

化油器的保养

化油器经过一段时间的使用后,由于空气灰尘和燃油中杂质会沉积在各气道和油道中,使空气和燃油的流通不畅,发动机吸入的混合气的浓度变稀,从而引起发动机的性能变差。在使用过程中,对化油器的保养主要有:

一是化油器各零件的连接要紧固牢靠,并且无漏气现象。

二是每行驶1000千米,应调节化油器怠速螺钉,并把化油器的放油螺塞打开,排走浮子室底部的污垢。

三是化油器与气缸部分的接口要有垫片,以便两者能紧密牢固结合,不松不漏。

四是某些系列摩托车规定,每行

改装的化油器

摩托车的日常保养——常养常新

化油器

清器是纸质的,因而不得用汽油或水清洗,只能用压缩空气或刷子清除滤清器片内的尘土和油泥。

五是拆装化油器时,因其零件较为精致,要小心谨慎,防止损伤或丢失。

蓄电池保养

每行驶6000千米(或12个月)进行以下检查工作:以铃木 rIR125 型为例,卸下右车架罩和蓄电池架,检查电解液的液面是否保持在超出极板0~15毫米。如果不足,应加注蒸馏水,以保持电解液的液面在蓄电

驶6000千米清洁一次空气滤清器。如果摩托车在空气灰尘多的地区行驶,清洁的次数可多一些。滤清器只能在洗涤油中清洗,切勿用汽油清洗,洗净后让它自然干燥,再放入清洁的机油中浸泡,直到浸透,然后挤出多余的油,重新装回原位。铃木系列摩托车规定,每行驶3000千米清洁一次空气滤清器。其滤

蓄电池的保养

79

图说公路轻骑兵——摩托车

池外壳上的液面线 LOWER 和 UPPER 之间。然后,用液体密度计判断充电情况。

电解液标准密度为:20℃时为1.26克/立方厘米,如果密度读数在1.20克/立方厘米以下(20℃),就说明蓄电池存电不足,需要充电。必须注意,蓄电池装在摩托车上时,切不可进行充电作业。否则,可能损坏整流器。

冬季,应特别注意使蓄电池经常保持充电充足状态。否则,容易使电解液结冰。

 知识卡片

化油器

化油器的构造可分五种装置:起动装置、怠速装置、中等负荷装置、全负荷装置、加速装置。化油器的作用是将一定数量的汽油与空气混合,以使发动机正常运转。

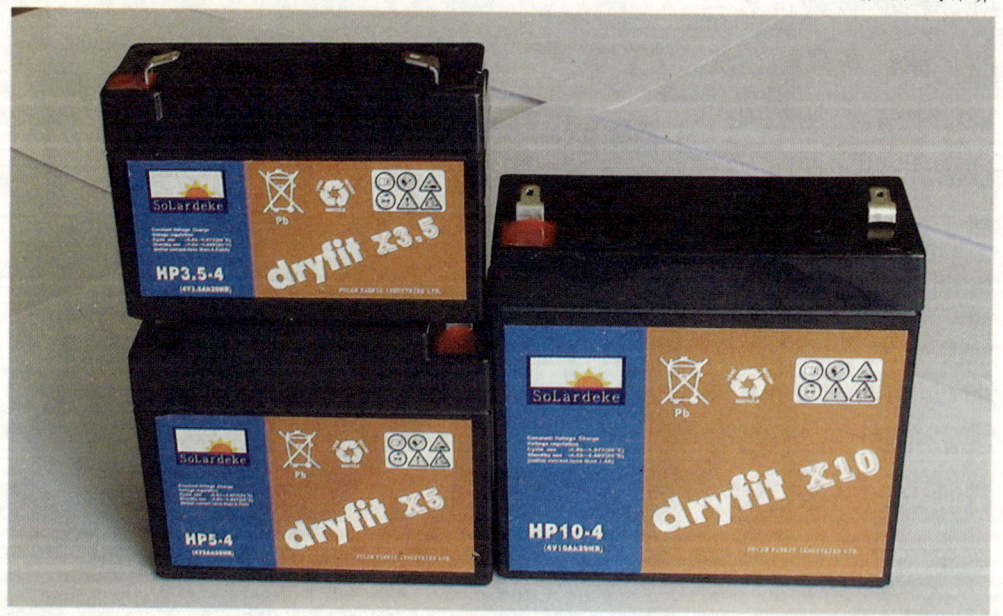

蓄电池的保养

七、制动器和离合器的保养与调整

摩托车在使用过程中,因制动蹄上的摩擦片逐渐磨损,制动装置的钢索逐渐拉长,使制动自由行程增大,影响制动效果。因此,要对制动装置自由行程进行调整。

制动原理

制动器的保养与调整

前制动器的调整:通过调整前制动器钢索调整螺母,使手控制动器握把的自由行程在规定的范围内。握把自由行程是指手握制动握把从自由状态开始,到手有一定的阻力感觉,就是制动作用刚开始,把手外端所移动的距离。自由行程一般为15~20毫米。

后制动器的调整:后制动器的调整方法是通过调整制动拉杆尾端的调整螺母来实现的。自由行程的大小参见各车型的《摩托车使用手册》。

有一些进口摩托车,前后两个制动器上装有制动器衬带磨损极限指示器。在衬带正常磨损条件下,制动时,制动器凸轮轴上的标志符号延长

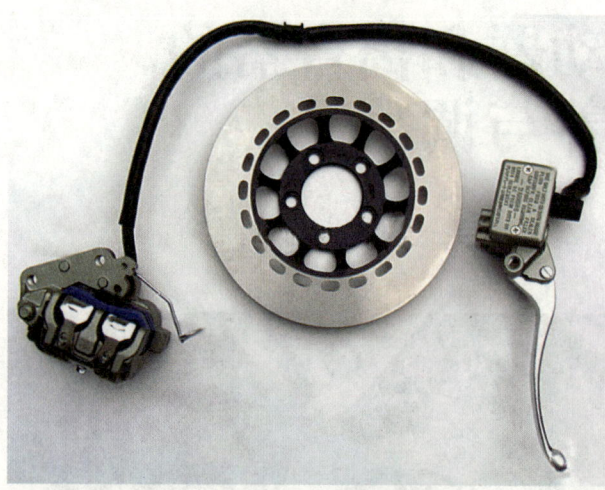

摩托车的制动装置

摩托车的制动

离合器的保养与调整

离合器操作的正确与否，直接关系到功能和使用寿命。因此，在使用手操纵式离合器时，应注意动作要平稳，接合时动作不可太快。否则，会使各配合零件互相撞击，加速摩擦片的磨损。而接合得太慢，会使离合器摩擦片打滑时间较长，加快摩擦片的磨损。同时，也应避免超载超负荷运行，以防离合器片打滑或损坏。

当起动发动机后，挂上档、加大油门时，如发现发动机的转速虽在增加，但摩托车的前进速度并不相应地提高；或车轮的加速很慢，发动机轰鸣很厉害，而车速并不相应地提高，两者不能协调，这就可能出现了离合器打滑现象。离合器打滑可通过松紧钢丝绳进行调整。方法为：放松锁紧螺母；顺时针旋转调节螺母，缩短外伸纹，握把放松至正常间隙，

线应在制动器中心盘压印的范围内。如果延长线超出了这个范围，就需要更换制动器的部件，以确保行驶安全。

重新拧紧锁紧螺母。

　　发动机起动后,当捏紧离合器握把,要挂上档或变换档位时,感觉很困难,放松握把时感到摇臂有蠕动现象(手完全放开);挂上档后,虽然没有松开离合器握把,但是摩托车总是向前移动,如稍微带些制动,就会熄火;在行驶过程中,遇到临时停车,就退档困难,并且经常容易熄火。这些现象都是由于离合器分离不彻底造成的。离合器分离不彻底也要通过调整钢丝绳调节螺母来进行调整,方法与打滑的调整相同,但螺钉旋转的方向正好相反。打滑和分离不彻底的调整不是一次就能调好的,必须结合试骑,反复调整,最后达到以下要求:起动发动机时感到很容易;起动发动机后,捏紧离合器握把挂上档位很方便,缓缓放开握把,同时缓慢加大油门,摩托车也能增加速度,运行稳定。

知识卡片

锁紧螺母

　　锁紧螺母的用途是锁紧通丝外接头或其他管件。螺母的工作原理是采用螺母和螺栓之间的摩擦力进行自锁的。但是在动载荷中这种自锁的可靠性就会降低。在一些重要的场合我们就会采取一些防松措施,保证螺母锁紧的可靠性。锁紧螺母就是其中的一种防松措施。

锁紧螺母

八、变速器和链条的保养与调整

变速器的保养与调整

变速器在正常使用条件下,一般不易发生故障,尤其是齿轮传动变速系统,结构设计强度完全可靠。变速系统主要故障通常出现在操纵机构上,所以应注意保养。

变速器内的润滑油要保持充足。新车磨合阶段结束后,彻底放净旧油,换上该车型所要求的润滑油。以后按各车型使用说明书中规定的行驶里程定期更换。进口摩托车的润滑油,可选用国产汽车机油。更换润滑油应在发动机热态时进行。其操作方法是:旋开放油螺塞,将废润滑油全部放出,再将螺塞重新旋紧,然后在加油孔处加入新鲜的润滑油,直到油面到油标尺的上下标志中间为止。如摩托车冷车时,可先将发动机起动,怠速运转5~10分钟,稍待片刻,然后更换。

摩托车变速器

操作变速档位的钢丝绳平时不需要经常调整。新车在使用一段时间后,有时会发现钢丝绳的间隙增大,挂档困难,这时需进行调整。在拆卸或修理发动机调换变速器零件时,也需进行调整。变速器钢丝绳的调整,主要是通过调整钢丝绳螺钉来进行。

链条的保养与调整

链条的保养主要包括:给链条加注润滑油;调节链条的松紧度;检查

链条接触处有无松动；两个链轮是否处在同一平面上；更换已损坏的链条等。

链条经长期使用会伸长，造成张紧力不够，下垂度增大。如链条太松，行驶时会上下左右摆动，跳动厉害，易跳出链轮，折断链条，或卡在轮鼓的一端，造成辐条断裂；高速行驶时还会造成链条跳落，突然卡在前面链轮处，由于冲击力很大，有时会损坏变速箱的箱体。如果链条张得过紧，会使发动机和其他重要部件发生过负荷现象。

变速器和链条的保养与调整

链条的垂度一般根据其自身的长度，按比例设定，通常为15~25毫米。不同的摩托车车型，其链条自然下垂尺寸有所差别(具体参见各自的使用手册)。调整摩托车链条的垂度时，应先将摩托车支撑起来，让后轮离开地面。去掉开口销，旋松后轮轴紧固螺母。根据链条的松紧程度，转动链条调整螺母。调整时，要注意两侧调整螺母上的标志要在相同的位置上。最后旋紧轮距调整接头上的固定螺母，再旋紧后轮固定螺母。

知识卡片

螺塞

通过螺纹连接以阻止液体渗漏的零件，螺纹可用标准螺纹或管螺纹。

齿轮传动

齿轮传动是利用两齿轮的轮齿相互啮合传递动力和运动的机械传动，具有结构紧凑、效率高、寿命长等特点。

图说公路轻骑兵——摩托车

第3章 摩托车的日常保养——常养常新

九、冬季摩托车的保养方法

我国北方地区,冬季天寒地滑,不少人将摩托车束之高阁"冬眠"起来,待来年春暖花开时,再重新使用。许多经过长期放置后的车辆性能会有所下降,如何做好放置前的保养工作,确保摩托车的性能、寿命不受影响,在此做几点介绍。

一是先将摩托车清洗干净,晾干或晒干,外露运动件(如链条)、调整螺栓、轴承等洗净后还应涂上机油或黄油防锈。

二是把汽油从燃油箱中放出,用容器密封保存。否则,汽油中的"轻质成分"会因长时间放置而减少(挥发到大气中),导致摩托车启动困难或不能启动的现象。同时,还应把化

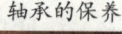
轴承的保养

油器内的汽油放尽,防止汽油中的杂质堵塞化油器的量孔、油道等部件。

三是将蓄电池从车上取下来擦干净,在车辆重新使用前,充足电放在干燥的地方,并每月充电一次。但不要放出蓄电池内的电解液,以防极板暴露在空气中造成极板氧化。

四是四冲程摩托车应在箱内注入一定量的机油从车上卸下,从排气管前端加入少量机油,再装好,然后启动发动机使机油均匀分布于气缸内壁,以防生锈。

五是卸下火花塞,从火花塞口往气缸内加注20毫升左右的摩托车专用四冲程纯净机油,装上火花塞,关闭点火锁开关(OFF位置),脚踩启动杆5～6次,使机油均匀分布在气缸壁。如果没有脚启动的摩托车可把火花塞帽取下,打开点火锁开关(ON位置),按下起动按钮2～3秒即可。

六是前、后轮胎保持标准气压,如果轮胎气压过低将会使轮胎过早老化并产生裂口。

七是将摩托车停放在干燥通风的地方,并且注意防潮,以免生锈。摩托车不宜长期露天停放,否则会加速摩托车外观的老化,过早变旧。

八是对有电启动系统的摩托车,应增加蓄电池电解液的浓度,并注意保温的补充充电,用电启动时,如果一次不能启动,要间隔10~15秒,再进行启动,每次启动时间不能超过5秒。

螺栓

螺栓:由头部和螺杆(带有外螺纹的圆柱体)两部分组成的一类紧固件,需与螺母配合,用做紧固连接两个带有通孔的零件。这种连接形式称螺栓连接。如把螺母从螺栓上旋下,又可以使这两个零件分开,故螺栓连接是属于可拆卸连接。

螺栓

第4章
摩托车常见故障的检查与排除

◎ 摩托车常见故障的检查
◎ 离合器的故障与排除
◎ 起动机构与变速器的故障
◎ 行车与操纵、制动装置的故障与排除
◎ 电气设备故障与排除
◎ 点火系统故障
◎ 灯光、喇叭故障

一、摩托车常见故障的检查

摩托车约90%的故障来自发动机。而发动机所有故障都离不开以下四个方面的内容：一是是否有足够的可燃混合气进入燃烧室，即发动机的供油系统是否工作正常；二是由于混合气是经过压缩后点燃的，因此燃烧室内密封性是否正常，即发动机的机械系统的工作是否正常；三是能否在恰当的时候产生良好的火花，即点火系统是否正常；四是要有充分的润滑、冷却，即润滑系统和冷却系统是否工作正常。如果上述四方面都能正常工作，则摩托车基本会运行良好。

发动机不能起动或起动困难

正常情况下，发动机在冷态下做好起动准备后，踩起动踏杆2~3下就应起动，在热态下只要踩1~2下就可起动。如果连续踩下多次，尚不能起动，则应认为是发动机有不能起动或起动困难的故障。发动机正常起动时，燃油系统应工作正常，密封性良好，点火系统工作正常，能在规定时刻提供足够强度的电火花。因此，对发动机不能起动或起动困难，应从下面三个方面进行查找：

①燃油系统的检查
②点火系统的检查
③气缸内压缩力的检查

发动机怠速不良

发动机怠速不良是指发动机无怠速、怠速过高或怠速不稳三种情况。

①无怠速
②怠速过高
③怠速不稳

发动机动力不足

当摩托车在阻力较大的道路上行驶时，如明显感到发动机转速降低，加大油门时转速增加也很缓慢；在平坦的道路上行驶，摩托车达不到最高车速，说明发动机动力不足。引起发动机动力不足的因素很多，主要有：

①燃油供给系统的故障

②点火系统故障

③机械部分的故障

发动机加速熄火及高速断火

加速熄火：发动机高低速之间的过渡是否灵敏、平稳，主要在于化油器的调整状态。正常情况下，化油器应能根据发动机的工作状况，提供合适混合比的混合气。加速熄火主要是由于开大节气门时，化油器提供的可燃混合气过浓造成的。因为过浓，

发动机

汽油燃烧不充分,轻则积炭并使之迅速增加,造成火花塞连续断火,重则过多的汽油将火花塞"淹死",不能正常点火。

高速断火:是指发动机在高速运转过程中出现断火现象。发动机一旦断火,也就停止运转了。这种情况不常见,出现了也是从油路、电路、机械上查找原因。

发动机过热

发动机过热是一种恶性故障。它使发动机动力性能下降,加速性能变差,零件磨损加剧,甚至拉缸而损坏机件。发动机过热时,关闭电源开关后,发动机仍继续运转,并且气缸体和气缸盖表面上的油污被烤热冒烟,水滴滴在曲轴箱上,马上就化为水蒸气。当拆下火花塞时,点火端出现淡灰色或粉色的沉积,且电极被烧蚀,这些都说明发动机过热。此时应及时停车检修。

①检查发动机是否超载运行。

②检查使用汽油的辛烷值是否过低。

③检查可燃混合气是否过稀或过浓。混合气过稀或过浓都会使发动机过热。

④检查点火时间是否正确。点火时间不对,也会造成发动机过热。这时应重新调整点火时间。

发动机过热限制

发动机运转声音不正常

发动机工作时,由于各机件之间的配合运动、摩擦、滑动、滚动和排气等影响,会产生各种响声。但当发动机工作不正常或机构失调损坏时,将产生不正常的敲击声和杂音,应当引起注意。因为这些异常声音,往往是发动机严重故障的前奏,应立即加以排除,避免发生不应有的损失。

活塞敲击声:敲击声的检查办法

是拆下火花塞,向气缸内注入少量机油。起动发动机后,响声随即消失或减弱,过一会儿,当注入的机油燃烧完后,响声又起,说明应增加燃油中机油的比例;如注入机油后,敲击声无显著的变化,则说明活塞与气缸间隙过大,应更换加大的活塞。

活塞

活塞环折断或卡死:活塞环折断时,从气缸内会发出一种"沙、沙"的轻微往复运动的杂音,曲轴箱内有时还伴随发出"砰、砰"的压缩气体往曲轴箱下窜的声响。如用螺丝刀抵住气缸体,将耳朵贴在木把上,响声听得更明显。确诊是活塞环的故障后,应立即分解发动机,对活塞进行清洗,并更换活塞环。

爆震敲击声:发动机运转时怠速不稳,在突然加速或大负荷运转时,气缸中发出"嗒、嗒"的金属敲击声。这是可燃混合气在气缸内燃烧速度过快,导致气缸内压力急剧上升所致。主要原因是使用的汽油辛烷值过低;使用的火花塞热值过低;发动机过热;燃烧室积炭;点火时间过早。

配气机构的敲击声:四冲程发动机由于零件磨损,气门间隙变大,会导致配气机构产生敲击声。敲击声的特点是随着发动机转速的增加而增高,随着气门间隙的增大而加强,负荷增加时敲击声不改变,但发出短促尖锐的响声。遇此情况应重新调整气门间隙。

知识卡片

燃烧室

燃烧室是燃料或推进剂在其中燃烧生成高温燃气的装置。它是燃气涡轮发动机、冲压发动机、火箭发动机的重要部件。

摩托车常见故障的检查与排除

活塞杆

二、离合器的故障与排除

离合器分离不彻底

离合器分离不彻底的主要原因及排除方法有：

①离合器握把臂的自由行程太大，操纵钢丝绳调整不当。也可能是摩托车长期使用，使离合器操纵钢丝绳伸长，致使实际作用在离合器上的行程小于离合器彻底分离所需要的距离，造成离合器分离不彻底。此时，应对离合器操纵钢丝绳进行调节，使离合器握把臂的自由行程达到正常的工作游隙。

②离合器压紧弹簧弹力不均，使离合器摩擦片受力不均匀，离合器工作时出现分离不彻底，即离而不离、

摩托车干式离合器

合而不合的拖滞现象。此时,应同时更换整套弹簧。

③离合器损坏、破裂,致使碎片卡住摩擦片,分离受到阻碍。此时,应更换新件。

此外,油浸式离合器中的润滑油粘度太大或使用过久而发稠,妨碍了主动片和从动片的正常工作,也会造成分离不彻底。这时,应按规定更换新润滑油。

离合器打滑

故障原因及排除方法:

①离合器操纵钢索调整不当,自由行程太小或者没有,或离合器调整螺钉调整不当,使之与分离推杆的间隙太小,甚至顶住了分离推杆。应按说明书加以调整。

②干式离合器的摩擦片上沾了油污或水,引起了打滑,应擦干油和水;湿式离合器缺油,摩擦片过度磨损变薄,应视情况补油、换摩擦片。

③弹簧力减弱或失效,摩擦片烧焦损坏。应予以更换。

④操纵钢索卡滞而不能自由回位。应抽出钢丝绳,剪除单股断裂的钢丝,并清除钢丝绳及外套内的泥土、脏物,然后涂上润滑油装好。

⑤离合器固定罩组合的槽子磨损成锯齿形,阻滞摩擦片轴向移动。应予以修磨。

摩擦片

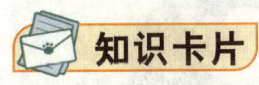

摩擦片

摩擦片是指芯片和摩擦衬片或摩擦材料层组成的组件。

三、起动机构与变速器的故障

起动机构故障

起动杆常踏不下，是由于活塞"粘缸"或活塞环折断卡死，或连杆小头轴瓦卡死造成的。应检查发动机气缸、活塞情况，判定造成故障的原因后予以排除。

起动杆打滑，是由于起动机构中棘爪或起动齿轮内棘轮轮齿严重磨损造成的，应更换磨损零件。

起动杆踏下后不回位，是由于起动回位弹簧装配不当或回位弹簧折断引起的。应拆下起动机构，检查回位弹簧的情况，必要时加以更换。

变速器故障

①挂档困难或挂不上档
②跳档和乱档

变速器噪声

变速器的噪声主要是指变速器齿轮之间的撞击声。产生撞击声的原因与排除方法有：

①变速箱内的传动齿轮磨损，齿侧间隙增大，使齿轮在传动过程中产生冲击而发生噪声。出现这种故障时，应检查齿轮的磨损情况，超过使用极限的齿轮应当更换。

②清洗或维修变速器后，轴向装配间隙不当，也会产生噪声。

③变速箱内拨叉变形，刮碰齿轮端面也会产生噪声。此时以手触摸

摩托车脚起动杆

拨叉轴会有振动的感觉。排除方法是：拆开变速器，修理或更换拨叉。

④变速器中如果有杂物或个别齿轮破碎，将会产生较大的周期性噪声。此时，应拆开变速器进行清洗或更换坏齿轮。

⑤变速箱内的滚针轴承损坏或箱体轴承孔严重磨损时，也会发出不正常的噪声。出现这种情况，应及时更换滚针轴承或箱体。

⑥变速箱内的润滑油用完或润滑油量不足也将增大噪声。

⑦如果换档时，变速箱内有较大的齿轮撞击声，则应检查离合器是否分离不彻底，或发动机是否怠速过高，并酌情加以调整。

维修、清洗变速箱油路控制阀体

变速杆，更不允许用脚使劲"踹"。

三是不允许在车速较高时，猛然换到低速档。

四是经常保持离合器正常工作，发动机怠速良好，以及离合器握把臂自由行程合适。

变速器的合理使用

一是摩托车停放或发动机不工作时，不要任意拨动排档，需要换档时，应在后轮能转动的情况下进行。

二是换档时，必须使啮合齿轮的转速接近相等，不要用力过猛，硬踏

变速箱

变速箱主要指的是汽车的变速箱，它分为手动、自动两种，手动变速箱主要由齿轮和轴组成，通过不同的齿轮组合产生变速变矩；而自动变速箱是由液力变扭器、行星齿轮和液压操纵系统组成，通过液力传递和齿轮组合的方式来达到变速变矩。

四、行车与操纵、制动装置的故障与排除

无高速发动机

发动机工作正常,但加大油门后摩托车达不到最高车速,这种现象称为无高速。故障原因和排除方法如下:

一是离合器打滑,使发动机的输出动力无法全部传到行驶系统。

二是行驶系统阻力过大,造成后轮动力不足。

三是传动比达不到最小值。对某些无级变速传动的轻便摩托车,由于采用皮带传递动力,如皮带的松紧调整不当或皮带轮安装不当,都可能使传动比达不到最小值,从而使摩托车无法达到最高车速。

方向把操纵不稳

摩托车在行驶过程中,有时会发生稳定性不好、车把摇晃的故障。其原因和排除的方法有:

一是轮胎气压过低。应按规定充足气。

二是方向柱轴承间隙过大,使车把过于灵活。应紧固螺母,更换损坏的轴承。

三是前叉导向管衬套严重磨损,引起径向间隙过大。应更换衬套或前叉导向管。

四是左、右前叉减震器内减震油一多一少。应按标准重新灌注。

五是前叉弹簧疲劳或损坏。应成套更换。

摩托车离合器结构

摩托车常见故障的检查与排除

行车事故

六是车轮钢圈扭曲或呈椭圆形,也会使车把产生摇晃或抖动。应调整或校正钢圈辐条,如果调整无效,则应更换新件。

行车跑偏

摩托车行驶过程中,如果驾驶员只有用力握住车把才能维持直线行驶,稍一松手,就会自动偏离直线行驶方向,说明此车跑偏。跑偏原因与排除方法如下:

一是摩托车前后轮不在同一个平面内,引起行驶时跑偏。检查前后轮是否安装不当;前叉是否有横向变形或车架发生扭曲变形而引起前后轮不在一条直线上。

二是方向柱轴承螺母拧得过紧,上下轴承座圈有严重损伤,滚珠有破碎现象。应更换滚珠或上下轴承座圈,调整好轴承间隙。

三是左右减震器的减震力不相等。

五是前后车轮的轮圈扭曲成"8"

字形，或车轮在前后叉上安装倾斜。此时应调整车轮辐条或将车轮安装正确。

轮胎过早磨损或损坏

轮胎的使用寿命与使用条件有关。过早磨损的主要原因如下：

一是轮胎长期在气压不足的情况下行驶，会加速胎体帘线的疲劳损坏，造成外胎破裂和胎面外缘过早磨损。

二是轮胎在装配过程中，内外胎之间的杂物未清除干净，在轮胎充气使用后，杂物很容易刺破内胎。

三是轮胎在无气压的情况下行驶，将会使内胎损坏，外胎折裂。

制动性能不良

摩托车制动性能良好，在行驶中，踩下制动踏板或握紧手制动把手时，应能迅速减速直至停车。如果制动时，减速缓慢，制动距离长，则说明制动失效或制动性能差。其主要原因有：

一是制动蹄摩擦片严重磨损，制动鼓间隙过大或制动鼓的接触面积

轮胎

太小，使制动蹄摩擦力降低。

二是摩擦片上粘有油污、水湿、硬化或铆钉外露，引起制动蹄与轮鼓打滑。

三是制动踏板或手制动把手自由行程过大，或制动钢丝绳因断股在外套中卡住，使制动蹄不能完全张开。

四是制动回位弹簧损坏。

五是制动凸轮轴严重磨损，使制动蹄张开范围小。

 知识卡片

钢圈

大多数车辆所使用的钢圈为钢材压制及焊接而成，目前的钢圈外环制造得很精确，用以装配无内胎的轮胎。

弹簧

图说公路轻骑兵——摩托车

五、电气设备故障与排除

蓄电池电量不足

接通电源开关,按喇叭听声音是否洪亮。如果声音洪亮,说明蓄电池充电正常。如果喇叭不响或声音微弱,就应打开大灯开关,检查大灯的亮度。如果大灯亮度正常,则说明喇叭有故障。如果大灯不亮或光线很暗,则说明蓄电池电量不足,也可能低压电路有短路,应进一步检查蓄电池。可拆下蓄电池正负两极连接导线,检查两个接线柱接触情况是否正常。如果正常,用正负两级导线互相碰擦试火。如果火花强烈,则说明蓄电池存电充足。如果无火花或火花很弱,则说明蓄电池本身存电不足,应进行充电或更换。

蓄电池

蓄电池自行放电

已充足电或使用良好的蓄电池,待一两天后即感觉无电,致使前大灯不亮,电喇叭声响减弱等。产生这一现象的主要原因之一是由于蓄电池自行放电引起的。诊断和排除方法是:关闭电源总开关,拆掉蓄电池不搭铁的接线,在其电极接线柱上划碰试火。如果电路中有搭铁处,划动时便会有火花产生,应在发电机、点火系、照明设备等线路中找出搭铁的具体部位,并加以排除;如果划动时没有火花,就是蓄电池内部短路,应拆开修理或更换新件。

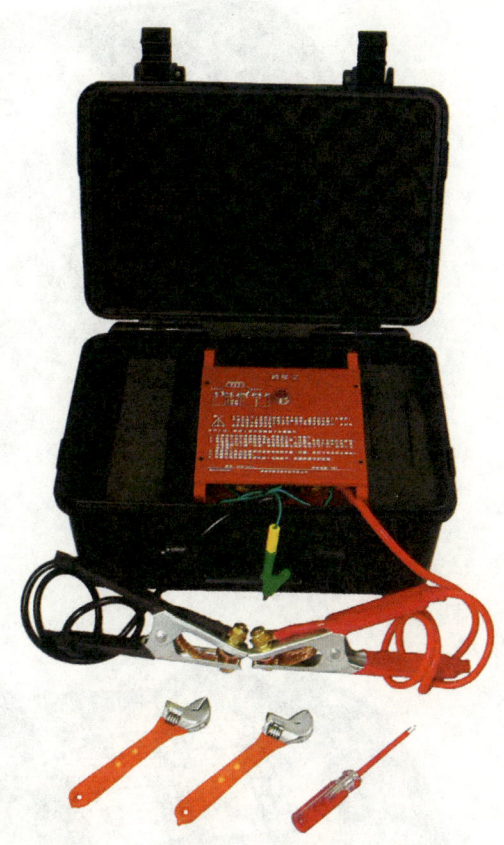

蓄电池跨接宝

蓄电池充不进电

蓄电池充不进电,是指在发电机工作正常情况下,蓄电池长时间充电而电压升高很慢。其原因是:

一是充电线路中接头处松动或锈蚀,使电阻增大,电流强度减小。

二是蓄电池极板硫化,其表面附上一层导电性能差的白色硫酸铅晶体。这种粗大晶体堵塞极板孔隙后,电解液难以渗入,致使内阻增大,电流强度减小。

三是由于采取大电流给蓄电池充电或充电过度,以大电流使蓄电池放电,电解液密度过高或液面过低等原因,使蓄电池极板损坏。

诊断时,应先检查各接头处是否松动或有锈蚀,然后根据充电时的现

图说公路轻骑兵——摩托车

直流发电机

象来判断极板是否硫化。如果充电时电解液的温度升高很快,或充电时间不长电解液便产生大量气泡,但电压并未提高,这说明极板已被硫化。这时,应拆开蓄电池进行修理并更换极板或更换蓄电池。

发电机故障

◆ 直流发电机故障

直流发电机的常见故障是不发电或发电不足,可用直流电压表测量。发电机正常时,随着发动机转速的提高,电流指示灯明亮。如果指示灯不亮或很暗,则说明发电机或调节器有故障。应检查发电机,并对调节器进行检查。应检查调节器逆流断电器触点是否有脏污或烧蚀。检查调节器触点间隙是否合适。

◆ 交流发电机故障

交流发电机常见故障为不发电或电压不足。可用交流电压表测量。也可用电流指示灯进行检查;当发电机工作良好时,随着发动机转速的提高,灯的亮度越来越大。反过来,灯泡发暗或根本不亮,就说明交流发电机有故障。主要检查交流发电机外壳定子内各线圈的绝缘性是否良好,有没有短路或断路现象。

知识卡片

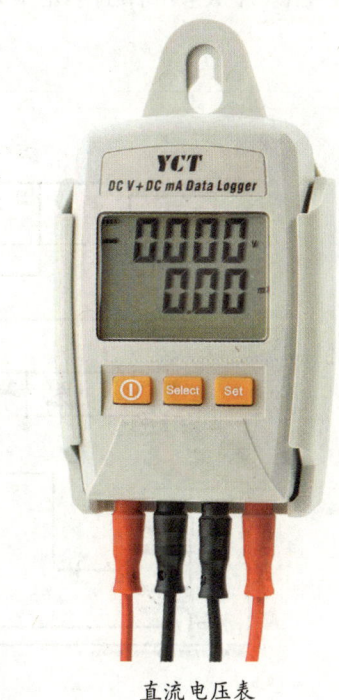

直流电压表

SPA系列直流电压表是针对直流屏、太阳能光伏、蓄电池、电镀、通信电源、直流电动工具等应用场合设计的。

直流电压表

第4章 摩托车常见故障的检查与排除

六、点火系统故障

高、低压电路故障

◆ 低压电路故障

低压电路中最常见的故障是线路中有短路、搭铁或断路。检查时，可将蓄电池负极导线与车架搭铁连接好，在电源开关切断的情况下，用蓄电池正极导线在接线柱上划碰试火，如果有火花出现，说明电源开关至蓄电池之间的导线有搭铁短路。如果无火花，接通电源开关后再划碰试火，如果仍无火花，说明低压电路中有断路现象。这时，应该逐段检查，直到找出短路或断路之处。电路有搭铁短路时，可采取眼看手摸的方

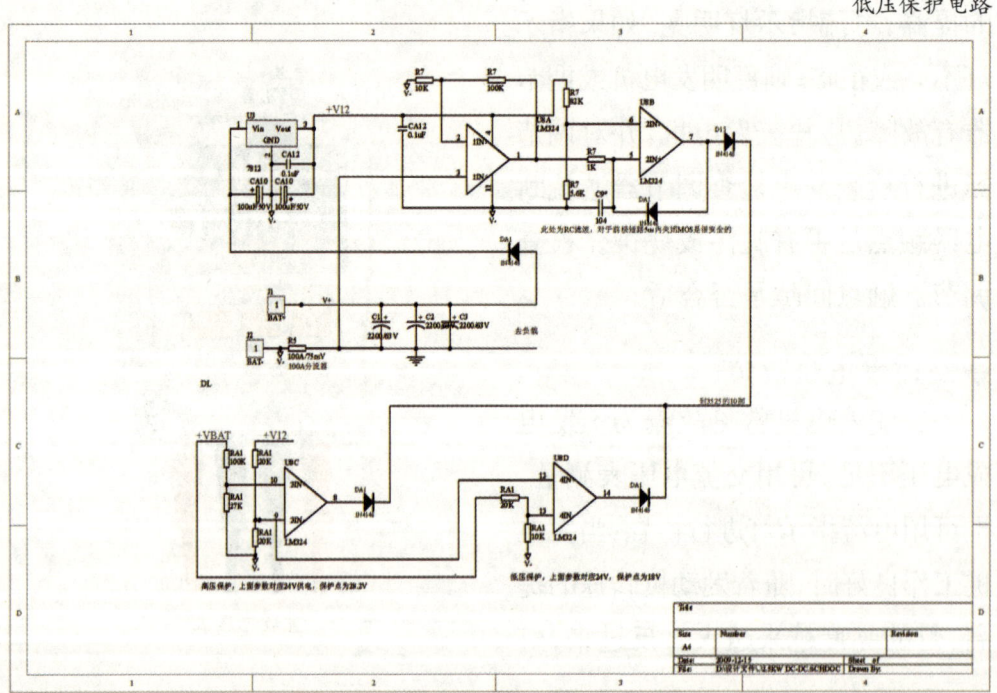

低压保护电路

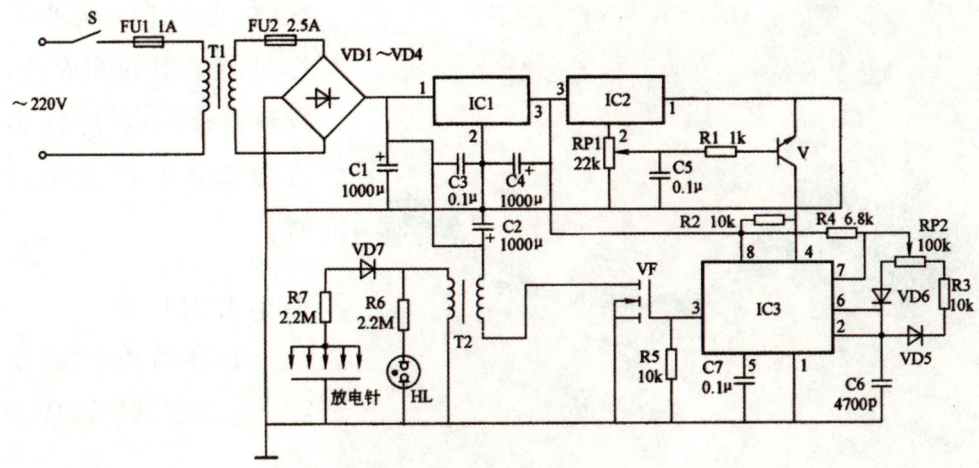

高压发生器电路

法检查,看导线有无烧蚀、烧断之处,手摸导线或电器元件的温度,例如点火线圈微热是正常的,烫手则可能已损坏。

◆ 高压电路故障

如果低压电路正常,则应检查高压电路有无短路或断路情况。检查方法是:从火花塞一端拔出高压线,用一螺丝刀杆身搭铁,使螺丝刀的端头距离高压线接头为5~6毫米,然后接通电源开关,踩起动踏杆,这时高压线接头与螺丝刀端头之间应有强烈的火花跳过,并发出"啪、啪"的响声。如果高压线正常,则故障可能出在火花塞。应进一步检查火花塞是否完好。

如果高压线无火花或火花很弱,可能是点火线圈中的高压线圈断路或短路、高压线圈接头与点火线圈插座接触不良或高压线折断。

点火线圈故障

点火线圈损坏,不能产生高压电或电压不高,使火花塞无火或火弱,造成发动机工作不正常。点火线圈损坏的原因有:

一是发动机没有工作而长时间没有关断点火开关,电流的热效应破坏了点火线圈中的线圈绝缘。

点火线圈

二是发动机过热,线圈中的绝缘漆胶被烤化而失效。

三是火花塞电极间隙过大,增加点火线圈的负荷,使高压线圈击穿,造成短路或断路。

点火线圈的检查方法是:在断电器触点分开时,察看高压线圈的火花强弱。在没有安装电容器时,火花微弱,而在装上良好的电容器时,应有长度4毫米以上的火花。否则,点火线圈就有了问题。

电容器故障

电容器损坏,会使火花塞无火或火弱,造成白金触点工作时产生很强的火花,导致白金触点烧损。造成电容器损坏的原因有:

◆ 电容器短路

电容器绝缘被击穿,造成内部短路成为导体。

◆ 电容器断路

它会造成火花塞火弱,使发动机难以起动,工作时发生间歇断火现象。

◆ 电容器漏电

它也会使火花塞断火或火弱。

检查排除方法:一是采用比较法。发现上述故障现象时,更换一只

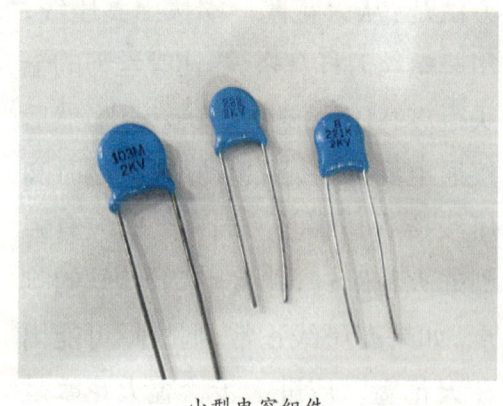

小型电容组件

摩托车常见故障的检查与排除

电容器

良好的电容器,如果故障能排除,发动机工作正常,说明原电容器已坏,应更换一只好的电容器。反过来就说明电容器良好。二是车上检查。取下前大灯泡,引出两根导线,一端与电容器接线相接,起动发动机,另一根导线与电容器金属壳接触。如果出现火花,说明电容器短路;如果没有火花,可把电容器接线接触电容器金属壳。如果有火花放电现象,说明电容器良好;如果没有火花放电现象,说明电容器断路,应更换电容器。

点火正时的调整

准确的点火时间,对保证发动机的正常工作十分重要。点火不正时,将引起发动机起动困难,功率下降,发动机有敲击声或过热,并影响发动机寿命。因此,一般每行驶2000千米时应检查点火时间是否正确,必要时进行调整。调整方法如下:

一是检查断电器白金触点接触面的工作情况是否正常。如果触点接触面呈凹凸不平形状,可用油石磨平并擦干净。

二是转动曲轴,使白金触点张开到最大间隙位置。

电源开关

三是用厚薄规测量,此时白金触点的间隙应为0.35~0.45毫米。如果间隙不对,可将固定螺钉松开调整。

四是检查点火正时(车型不同,检查的方法也不同)。

五是打开电源开关,接通点火系低压电路。

电容器

六是慢慢地将曲轴顺工作方向转动,使白金发出的火花与正时标记对准相吻合。这时便是点火正时。

七是如果点火时间过早或过迟,可将白金固定底盘的固定螺钉旋松,调整底盘螺栓,使点火正时后再固定底盘。

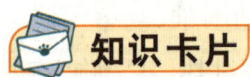
知识卡片

电容器

电容器通常简称为电容,用字母C表示。电容器顾名思义,是"装电的容器",是一种容纳电荷的器件。

七、灯光、喇叭故障

灯光故障

灯光不亮的主要原因有：

电源无电，灯丝烧断，灯泡尾座与灯口插座接触不良，变光器开关故障，连接线脱落或搭铁线接触不良。

喇叭的故障

◆ 触点严重烧蚀

主要是电喇叭的工作电压过高。某些电喇叭在触点中间并联有电容器，用来减轻触点在断电时的火花烧蚀，当电容器松脱或失效时，会使触点烧蚀严重。可用细砂纸修磨烧蚀的触点。

◆ 膜片破损

当膜片破损时会造成电喇叭声音沙哑，触点烧蚀严重时也会出现这种状况。此时应更换新件。

◆ 线圈烧毁

引起线圈烧毁的原因主要是电压过高和喇叭调整不当，特别是当电喇叭调整不当而使触点不能断开时，会使线圈电流显著增大。应更换新线圈。

电喇叭

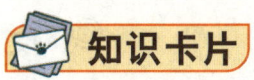

知识卡片

电喇叭

汽车上都装有喇叭，用来警告行人和其他车辆，以引起注意，保证行车安全。喇叭按发音动力的不同分气喇叭和电喇叭两类。

第 **5** 章

摩托车的安全驾驶
——呵护你我的生命

- ◎ 摩托车在一般道路上的驾驶
- ◎ 坡道驾驶技术
- ◎ 市区驾驶要注意
- ◎ 摩托车的特殊路况驾驶
- ◎ 夜间驾驶要求
- ◎ 如何通过桥梁与铁路
- ◎ 不同天气下的摩托车驾驶
- ◎ 安全驾驶须知

一、摩托车在一般道路上的驾驶

摩托车的行驶速度与道路状况和周围的环境有关。摩托车在一般道路上驾驶，车速控制在50千米/小时比较合适。如果道路不好，视线不良，或者通过繁华街道、城镇或遇警告标志时，应减速行驶。为了确保行车安全，驾驶员除了必须严格遵守交通法规外，还要在驾车行驶中注意观察周围行人及车辆的动静，对可能发生的各种情况要做到心中有数，作好思想准备，以便及时采取措施妥善处理。

会车

会车是指摩托车行驶中与对面

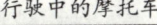

行驶中的摩托车

来车相遇。摩托车会车必须遵守《中华人民共和国道路交通管理条例》中有关机动车会车的规定。

会车前,应看清来车的装载情况及前方的道路和交通情况,适当减速,选择较宽阔、坚实的路段,靠右侧缓行通过。

超车

摩托车超越前方同向行驶的车辆,称为超车。超车必须遵守《中华人民共和国道路交通管理条例》中有关机动车超车的规定。

要超越前方车辆时,首先应在距前车20~30米处发出信号(鸣喇叭或夜间改用变换远近光灯),待前车让路后,再从左侧超越。另外,必须在对面方向来车150米以外才能超车。如果遇到尘大雾浓看不清前方道路时,不允许超车。超车应选择道路宽直、视线良好、路旁左右均无障碍物的路段进行。超越后,应在不影响被超车辆行驶的情况下,再驶入正常车道继续行驶。

让超车

摩托车行驶中,应注意后面有无车辆尾随,如发现后面有车发出超车信号时,应估计道路及交通情况是否适宜让后车超车,在确认可以超越的情况下,应选择适当的路段减速靠右边让路行驶。在让超车过程中,如果发现前方有障碍,应减速直至停车,不能企图绕过障碍而突然向左行驶,以防与超越车辆相撞。

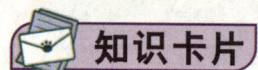

警告标志

警告标志是警告车辆、行人注意危险地点的标志,如预告前方是道路交叉口、道路转弯、铁路道口、可能落石路段等,提醒大家注意安全。警告标志种类大多来自交通安全类。

有无车辆尾随

要安全驾驶

二、坡道驾驶技术

上坡行驶

摩托车上坡行驶时,由于存在坡道阻力的关系,所以要求摩托车的驱动力较大,且坡度越大,摩托车所需的驱动力也越大。摩托车上坡行驶时,要根据坡度的大小选择合适的变速器档位。一般要求是尽可能使用高速档,如使用高速档不能爬坡时,则依次换入较低的档位。上坡换档时,动作要迅速、协调,不能使摩托车在换档过程中发生停车、熄火现象。

上坡驾驶时,如坡道短而不陡,又无急弯和路障,可在上坡前适当加速,利用摩托车的加速惯性冲坡。

遇到坡道弯曲,可视距离受到限制,或上坡后紧接着下坡的情况,必须以较低的档位控制车速,待到坡顶看清道路情况后,再以适当速度继续行驶。

当通过陡而长的坡道时,如条件允许,可以利用高速冲坡行驶。如发现动力不足,应及时换入较低档位,切勿等动力过分降低后才换档。否

摩托车上坡

则,往往因换档后动力不足而导致发动机熄火。

上坡停车和上坡起步

摩托车上坡中途需要停车时,应迅速分离离合器,关小油门,同时使

用手、脚制动器将摩托车制动住（发动机不熄火）。

上坡途中因故停车后，需要再行起步时，可将变速器换到一档，松开手制动器（此时脚制动还继续使用），慢慢加大油门使发动机转速逐渐增大，同时慢慢放松离合器握把至离合器处在半联动状态。此时，逐渐放松后制动踏板，摩托车不后滑，随后徐徐加大油门，缓松离合器握把，开始起步后，迅速完全放松离合器握把。

在起步过程中，加大油门、放松离合器和脚制动的配合应非常协调。放松后制动踏板的时机要恰到好处。如果放松过早，摩托车可能向后滑；如果放松过迟，则可能使发动机熄火。

当由于油门、离合器和脚制动三个操作动作配合不协调，产生发动机熄火趋势或摩托车倒退时，应果断地分离离合器，同时使用制动器将摩托车刹住。如果这时发动机没有熄火，可再进行重新起步的操作。如果由于操作不当，发动机已熄火，则应先使用制动器，防止摩托车倒退。当单独使用脚制动时，就应把脚制动换成手制动。在用手制动而保持摩托车不倒退的情况下，分离离合器，然后把变速器换到空档。这时，驾驶员要离开车身，起动发动机后，再上车将手刹换成脚刹，按照前面所述方法重新起步。

摩托车下坡

下坡行驶

摩托车下坡行驶时应适当控制车速,特别是在下坡转弯、视线不清、交通情况不明时,更应将车速控制在可以制动停车的状态。在道路宽直和视线良好的情况下,可以关小油门,在发动机制动的情况下行驶,这样,既能控制摩托车以较慢速度行驶,又能节省燃油的消耗。在下长坡或陡坡时,摩托车应以较低的档位行驶,关小油门,并利用制动器的制动控制下坡速度。

下坡行驶,由高速档换低速档时,应先运用制动和减小油门的方法,使摩托车减速后再换入低一档的档位。

下长坡时,如使用制动器的时间过长,会使制动器的温度大大升高而降低制动效能,甚至导致制动器的损坏,因此应尽量避免长时间的连续制动。

摩托车在下坡行驶时,应注意不能单独使用前刹车,否则容易发生翻车事故。

下坡起步

摩托车下坡起步,一般可用中速档起步,松开前后制动器和离合器握把,摩托车即可滑行起步,下坡起步一般不用加大油门。

如果途中停车,发动机已熄火,重新起步时,可采取在选择好适当的档位时,接通点火开关,先握紧离合器握把,松开前后制动器,待摩托车已有一定的滑行速度后,迅速松开离合器握把,同时稍加大油门,发动机便可起动。注意油门不要猛加,当发动机起动后,便应关小油门,使用制动器控制摩托车的下坡速度。

驱动力

驱动力是效果力,是合力。一般来说,周期性的外力就可以叫驱动力。物体振动的频率要服从驱动力的频率。

三、市区驾驶要注意

城市交通的特点是行人和车辆的密集程度较高,交叉路面和立体交叉路较多,公共设施和交通情况比较复杂。为了维护正常的交通秩序,各个城市相应地制定了适合本市区的交通管理细则。如摩托车的行驶范围,准许行驶时间,单双行线及车辆停放等有关具体规定。所以在市区驾驶摩托车,除了要遵守《中华人民共和国道路交通管理条例》外,还必须遵守所在城市的交通管理细则,并切实遵照执行。

不能喝酒开车

维护正常的交通秩序

市区驾驶摩托车必须行驶在规定的路线或车道内,不要同时占据两个车道(即处在两个车道的中间地带)或前后不断地串道。摩托车应尽量保持在总的行驶车流中行驶,以减少周围车辆的超越行驶。在城市中驾驶摩托车应时刻观察周围的行人和车辆的动态,及时地变换行驶速

图说公路轻骑兵——摩托车

违规的摩托车销毁现场

度。一般来说,城市中驾驶应以较低速度行驶。另外,要保持一定的车距,防止追尾撞车。

城市中有交通信号或交通标志控制的交叉路口往往是交通流量大的路口,各种情况比较复杂,随时有可能发生意外。摩托车必须在距交叉路口 30~100 米的地方开始放慢车速,注意观察路口内的情况,再行通过。

摩托车在市区行驶,要严格听从交警的指挥,严禁闯红灯。

 知识卡片

交通信号

在道路上用来传送交通管理信息的光、电波、声音以及动作等。道路交通常用的信号有手势信号和灯光信号。手势信号是由交通管理人员通过手臂动作显示的,灯光信号则是由道路交通信号灯显示的。

摩托车的安全驾驶——呵护你我的生命

交通信号灯

四、摩托车的特殊路况驾驶

砂土路的特点是路面松软，车轮滚动阻力大，路面附着系数小，车轮容易下陷、打滑。摩托车在通过砂土路段时，应提前减速，换到低速档，并把握住方向把，尽量保持直线通过砂土路段。有些乡间公路，砂子铺积较厚，摩托车行驶时会出现前轮发飘、后轮摆动的不稳定情况。此时要尽量选择砂子较少的路面靠右行驶，只要稳稳地握住方向把，就能使摩托车顺利通过。如果遇到会车或道路障碍时，应提前减速，避免使用紧急制动，防止滑倒。

摩托车在泥泞或冰雪路段行驶，由于道路表面滑溜，附着力较小，车辆容易打滑，制动效能降低，方向把发飘，不易把握行驶方向，且车辆容易发生侧滑或翻车的危险。在这种路面上驾驶摩托车比较困难。

摩托车在滑溜路面上起步时，油门要小些，离合器配合动作要更缓慢平稳。对两轮摩托车要待车子缓缓起步后，再把两脚平稳地放至脚蹬上，尽量减小上体晃动。停车时要轻轻地采取断续制动，保持摩托车重心平稳，左脚提前慢慢伸出，配合右脚制动将车停住。

通过滑溜路面时，要稳住油门并要提前减速换到一档或二档，保持足够动力向前行驶。途中尽量不换档，不要分离离合器。

摩托车在滑溜路面上行驶，应尽可能不使用制动器，否则易引起侧滑。如果必须降低车速时，应提早关小油门，利用发动机制动。如果不可避免地需用制动器制动时，必须平稳地断续轻踏脚制动踏板，而不宜采用前制动。当摩托车因制动而引起后轮侧滑时，要立即放松制动，并将方向把朝后轮侧滑同一方向转动，以减轻后轮的侧滑程度，待摩托车平稳后再继续轻轻地重新制动。

摩托车的安全驾驶——呵护你我的生命

摩托车的特殊路况驾驶

知识卡片

制动踏板

顾名思义就是限制动力的踏板，就是脚刹（行车制动器）的踏板，制动踏板用于减速停车。是长时间摩擦导致刹车片过热软化的原因。

五、夜间驾驶要求

摩托车夜间驾驶与白天不同,其特点是光线太暗、视野差,特别对无路灯照明的乡村路段,夜间行驶就全靠摩托车大灯的照明。摩托车夜间行驶时,由于大灯的不时晃动,对路面情况的判断易造成错觉,同时还要求驾驶员熟练地变换灯光,所以夜间行驶速度应相应比白天低。

夜间行车,特别是长途驾驶,驾驶员在出车前应对摩托车进行全面的检查,特别是灯光、喇叭、制动、轮胎等部分。同时最好随车带上必备的维修工具和常用零配件,如灯泡、油门拉线、离合器拉线、火花塞和手电筒等,以备途中发生故障时及时维修。

摩托车夜间行驶,在道路宽阔、视线良好、路面情况并不复杂的情况下,使用远光灯,车速可以稍快。但遇到不平道路、交叉路口、转弯、桥梁等路段时,则应降速并改用近光灯行驶。

摩托车夜间行驶应尽量避免超车。必须超车时,应选择合适的路段,鸣喇叭或变换远近光示意前车,待前车避让时再安全超车。

摩托车夜间驾驶

摩托车的安全驾驶——呵护你我的生命

示宽灯

摩托车夜间会车时,应在距对方来车约150米左右,关闭远光灯改用近光灯,并靠右缓行。如果道路狭窄或前方有障碍,应主动停车避让,待对方来车通过后再开大灯行驶。

摩托车在夜间市区街道有较好光线地段行驶时,可改用近光或小灯行驶。

夜间行驶途中停车时,需开小灯

和示宽灯(三轮摩托车),以提醒来往车辆和行人注意,避免交通事故的发生。

驾驶摩托车通过各种桥梁时,驾驶员应根据不同的桥梁结构特点正确地驾驶,才能保证行车安全。水泥桥和石桥一般比较坚固,行驶时车速可稍快;但对年久的桥梁,则应注意有无裂缝等险情。拱形桥的视距较小,应特别注意迎面来车,低档减速通过。木桥年久后易腐烂,还可能有铁钉外露,需防止塌桥或轮胎被扎坏等事故发生。

知识卡片

示宽灯

将灯开关开至第一档时,前后亮的小灯就是示宽灯(也有一种说法叫做傍晚行车灯,在天还未完全黑暗的时候开启,示宽灯的下一档就是大灯开启)。是表示车的宽度以提示对方和后车。示宽灯用于在傍晚行驶时,让别的车辆看见。

六、如何通过桥梁与铁路

摩托车在驶近桥头时，一般应减速慢行，同时注意观察桥梁路面情况。如果桥面狭窄、不平，应提前换入低速档，使摩托车缓慢而平稳地通过。尽量避免在桥上换档、制动、起步、会车和停车。当通过拱形桥时，要提前鸣喇叭，警告迎面来车。

对旧桥，特别是在雨季和汛期中的旧木桥，最好先在桥头停车，下车仔细观察和认真检查桥梁的坚固情况，然后再决定是否通过。通过桥梁时，一般是低速缓慢行驶，必要时乘员应下车或卸下部分货物后再缓慢通过。如果通过冰雪或泥泞的桥梁，为避免轮胎打滑，过桥前应在桥面上铺垫一层砂石或杂草，以增加路面与轮胎之间的附着力，然后在桥中间慢慢通过。

通过铁路道口时，必须遵守《中华人民共和国道路交通管理条例》中的有关规定。在驶进道口前换成低速档，减速慢行。看清信号或服从道口管理人员的指挥，允许通行时方可通过。在没有信号和管理人员的道口，要看清有无火车开来，在确有把握时才能通过。通过铁路时，摩托车不准熄火滑行，要尽量避免在铁路上换档，以防造成发动机熄火。万一摩托车因故障在铁路上停车，要设法尽快把摩托车推离铁路。

摩托车通过渡口时，必须遵守渡口的有关管理规定，依次待渡。过渡时，乘员一律下车，待通过渡口后再恢复正常行驶。

渡口

渡口指的是道路越过河流以船渡方式衔接两岸交通的地点。包括码头、引道及管理设施。也指有船摆渡的、过河的地方。

七、不同天气下的摩托车驾驶

在雨天和雪天行驶

雨雪天气行车,尤其是暴风雨中行车,驾驶员及行人的听觉与视线都不同程度地受到影响,再加上路面滑,从而给行驶增加了难度和不安全因素。行驶过程中,应尽量在公路上行驶。如遇低洼段积水,在确有把握时,应低速通过;如果遇大水漫过路面,应充分了解路面是否被水冲坏,不要盲目涉水。在复杂山路上碰到特大暴雨时,为防止山石滚落、悬崖塌方,应选择安全地点将车停好,打开小灯,以引起行人和其他车辆的注重。

雨中行车一定要减速行驶,并注意观察路面、行人及过往车辆情况,与前车保持一定的间距,勤按喇叭,尽量避免紧急制动。

在风尘天气中行驶

刮风时,风中的沙尘会影响视线,风声还会影响听觉。因此驾驶员应注重风向,并减速行车。当风力较大时,应注重风向风力给行车

雨天驾驶摩托车

风尘天气中摩托车事故

带来的影响,风向与行车方向的夹角较大时,会造成车辆侧滑或翻车,这时应暂停行驶,待视线清楚后再继续行车。

高寒地区行驶

高寒地区气温低,路面常有冰雪,要做到慢起步、缓加速。行车时穿着应注重保暖,以防受冻引起肢体麻木,操作不灵,造成事故;中途停车作短暂休息时,发动机不必熄火,让其怠速运转;晚上应将车放在室内,要注意保护好蓄电池,以防冻裂。

紧急制动

汽车在行驶过程中遇到紧急情况时,驾驶者迅速、正确地使用制动器,在最短距离内将车停住,称之为紧急制动。如果是火车在行驶过程中遇到紧急情况时,来不及刹车时方可落下紧急制动闸。平时勿动,拉下紧急制动闸后,并不能完全停车,还得向前行驶一段时间后方可停车。

八、安全驾驶须知

在国家改革开放的大好形势下,社会上的机动车辆保有量急剧增加。而道路建设一时还跟不上车辆增多的需要,许多城市的道路处在机动车的饱和状态。道路交通事故给国家和人民的生命财产造成巨大的损失。防止发生交通事故,保证行车安全,对改革开放的发展和市场经济的建立有着十分重要的意义。

为保证行车安全,摩托车驾驶员在驾车时应注意下面几点:

第一,驾驶摩托车时,必须持有准驾该车型、经审验合格的驾驶证。并按规定随身携带各种有关证件,不准转借、涂改或伪造。

第二,不准饮酒后驾驶摩托车;行车时不准吸烟、饮食或做其他有碍安全驾驶的动作。

第三,严禁把摩托车交给没有驾驶证的人驾驶。

安全驾驶

第四，不准穿拖鞋驾驶摩托车；不准驾驶安全设备不全或机件失灵的摩托车。

第五，驾驶员和乘员在驾驶和乘坐摩托车时，必须戴上安全头盔。

第六，在患有妨碍安全行车的疾病或过度疲劳时，不准驾驶摩托车。

第七，驾驶员要认真学习交通法规，严格遵守交通法规，自觉维护交通秩序，严格遵守公安交通管理部门的各种有关规定，服从交通警察的指挥。

第八，行车前，必须对发动机润滑油油位、燃油油位、前后制动、轮胎、传动链条、油门、照明和喇叭等，进行认真检查和调整。

第九，要根据道路情况、周围行人和车辆的密集程度，选择合适的行驶车速，不要盲目开快车。

第十，行车时，应集中精力驾驶，时刻注意周围车辆、行人的动态，注意保持与前车的安全距离。

第十一，行车中，如果发现摩托车有异味、异响或其他故障时，应及时停车检查，将故障排除后，才准继续行驶。

第十二，收车后，须按例行保养规定，对摩托车进行维护保养。按规定停放车，切断电源，关闭油箱开关，锁好摩托车。

知识卡片

头盔

头盔是保护头部的装具，是军人训练、作战时戴的帽子，是人们交通中不可或缺的工具。它多呈半圆形，主要由外壳、衬里和悬挂装置三部分组成。外壳分别用特种钢、玻璃钢、增强塑料、皮革、尼龙等材料制作，以抵御弹头、弹片和其他打击物对头部的伤害。

头盔

第6章

世界知名摩托车
——各领风骚

- ◎ 哈雷
- ◎ 杜卡迪
- ◎ 本田
- ◎ 雅马哈
- ◎ 铃木摩托车
- ◎ 道奇战斧
- ◎ 钱江
- ◎ 豪爵
- ◎ 宗申
- ◎ 标致摩托车

图说公路轻骑兵——摩托车

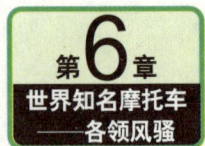

一、哈雷

哈雷摩托的简介

一个世纪以来，哈雷一直都是自由与王者的代表，它的公司被《福布斯》杂志提名为"年度最佳公司"及400名最佳公司之一，并且"哈雷"连续跻身于美国十大最著名品牌。

哈雷的产生

哈雷传奇式的发展总是和特定的历史环境联系在一起。1905年的独立日，一位车手骑着哈雷摩托赢得了芝加哥市举办的车赛。从此，哈雷的销量渐渐上升，生产规模渐渐扩

哈雷摩托

世界知名摩托车——各领风骚

军用摩托

大,有了稳定的销售渠道,也有了自己的分销处,同时开始生产警用摩托。不久,第一次世界大战开始了。哈雷抓住时机,以战场为市场,生产了约2万辆军用摩托,获得了可观的利润。1918年,一战停战协议签订的第二天,盟军下士罗依·霍尔茨就是骑着一辆哈雷摩托,第一个进入德国的领土。第二次世界大战中,哈雷又一次搭上了军火工业的快车,开始跃进式的发展。到二战结束时,哈雷共生产了9万辆WLA型军用摩托。

哈雷摩托与美军朝夕相处,已经成为这些军人生命中挥之不去的一部分。当他们回到祖国,再次见到熟悉的哈雷摩托,内心的激动是不难想象的。哈雷寄托了他们内心深处的爱国激情,他们也成为哈雷最忠实的支持者。

哈雷的性能

哈雷从初期的单排气管摩托车到双排气管,从500毫升发动机到

图说公路轻骑兵——摩托车

1200毫升或更大排气量的发动机，从三档变速到四档变速，还不断引入液压减震器、电子点火器等新技术，玻璃纤维、铝合金等新材料，根据市场需要开发新的系列产品。1907年，哈雷制造出了第一台V型双缸发动机，相较传统单缸发动机，它能为摩托车提供两倍的动力。20世纪20年代，哈雷在体育竞技和实用相结合的道路上，一方面开发出时速达85~100英里的比赛用摩托，一方面又开发出带斗的警用三轮摩托和家用的小型摩托。这种方式使哈雷平安度过了经济大萧条。

哈雷摩托既有几万美元的高档型，也有几千美元的低档型，还提供租赁服务，所以谁都消费得起。除了

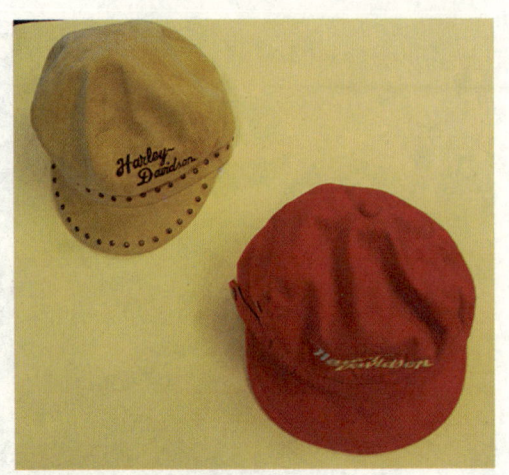
哈雷帽子

摩托车，哈雷还为车迷开发了各种二线产品：帽子、头巾、内衣、袜子、夹克衫、靴子、钱包、打火机等各类服饰用品，让哈雷迷们可以从头到脚、从里到外全副武装。

 知识卡片

高档型哈雷摩托

减震器

减震器主要用来抑制弹簧吸震后反弹时的震荡及来自路面的冲击。在经过不平路面时，虽然吸震弹簧可以过滤路面的震动，但弹簧自身还会有往复运动，而减震器就是用来抑制这种弹簧跳跃的。

二、杜卡迪

公司简介

1926年,在意大利博洛尼亚,杜卡迪兄弟和其他投资者成立了杜卡迪无线电器材制造公司。这个经历了风风雨雨的公司就成了日后摩托车界屈指可数的大腕。

想要了解杜卡迪的摩托车,那么还要从它的公司说起。第二次世界大战期间,原本红红火火的杜卡迪工厂被战火毁灭,几乎夷为平地。但战后市场对车辆的需求逐渐增加,不久后,杜卡迪就开始踏入其他工业领域。

1946年,杜卡迪推出了企业史上的第一具单汽缸引擎,由当时的意大利工业振兴协会管理。这种引擎可以配置在一般的自行车上,在全世界范围内售出了25万件。虽然只是装置脚踏车上的小型引擎,却让杜卡迪从此踏入机车制造的领域,摩托车部门从此作为公司的一个分支而成立。

1952年杜卡迪推出了第一部配

杜卡迪摩托车

图说公路轻骑兵——摩托车

经典车型——杜卡迪999

这款夺得年度赛最多冠军的摩托车,为杜卡迪吸引了数以万计的"粉丝"。从整车的综合素质来看,无论是风格、造型还是性能,都风格迥异、与众不同。

备电动启动马达和自动变速系统,排气量175cc的机车Cruiser,正式成为机车的制造厂。

1993年阿根廷设计师设计的产品为杜卡迪找到了曙光。1999年,公司被重新命名为杜卡迪摩托控股公司,德州基金将其65%的股份投放市场。

经典车型——杜卡迪999

杜卡迪999可谓是杜卡迪公司最出名的经典车型,它的问世让世界各地刮起了"红衣大魔鬼"的旋风。

知识卡片

引擎

引擎是发动机的核心部分,因此习惯上也常用引擎指发动机。引擎的主要部件是气缸,也是整个汽车的动力源泉。严格意义上世界上最早的引擎由一位英国科学家在1680年发明。

引擎

世界知名摩托车——各领风骚

杜卡迪赛车

三、本田

公司简介

本田摩托车在中国早已是家喻户晓的知名产品,它是最早进入中国内地市场的国外摩托车品牌。本田在 50 年前开始生产摩托车,1949 年 8 月生产出首批 "Dream" 二冲程 98cc 摩托车,1954 年 9 月生产仿意大利轻型踏板车出口到美国,1958 年 8 月投产的 SuperCub 摩托车,在 20 世纪 90 年代初累积产量已超过 2000 万辆,成为本田引以自豪的销售期最长的一款摩托车。本田是日本最大的摩托车生产企业,产品系列齐全,在中国内地有多家整车装配及零部件生产的

广州本田摩托车

天津本田摩托车

世界知名摩托车——各领风骚

本田金翼

首辆本田金翼在1975年问世，历经了几代改型，每一代都有着重大的变革以及更豪华的装备。新世纪伊始，最新的1.8L的金翼面世。在随后的几年内，金翼依旧领跑着市场。

2003款的金翼十分注重细节。和20年前的老车相比，这款新型的金翼采用了更豪华的设备以及更出色的发动机。

新型的金翼

合资企业，例如广州本田摩托车和天津本田摩托车。

 知识卡片

踏板车

踏板车是一种在摩托车与汽车之间的车辆，是一种大众化的交通工具。发明人为高级工程师 CorradinoD'Ascanio。

本田金翼

本田金翼是该品牌的纪念车型。

四、雅马哈

公司简介

雅马哈公司于1955年7月1日建立了制造摩托车的专业厂，是摩托车生产规模排在日本第二位的企业。尽管雅马哈的摩托车成绩一般，但这个品牌的发动机十分有名气，品种广泛，从摩托车发动机到发电机组的发动机、船艇发动机一应俱全。其中摩托车发动机又以二冲程发动机见长，

重庆雅马哈公司

1964年初开发出二冲程发动机用自动润滑方式系统，使雅马哈二冲程发动机具有耐用及强马力的特点。

经过雅马哈的不懈努力，1973年首次获得了世界越野车锦标赛中250cc级厂家冠军。雅马哈摩托车在中国也有合资企业，比较知名的合资公司产品是湖南株洲的南方·雅马哈摩托车和重庆的建设·雅马哈摩托车。

二冲程发动机摩托车

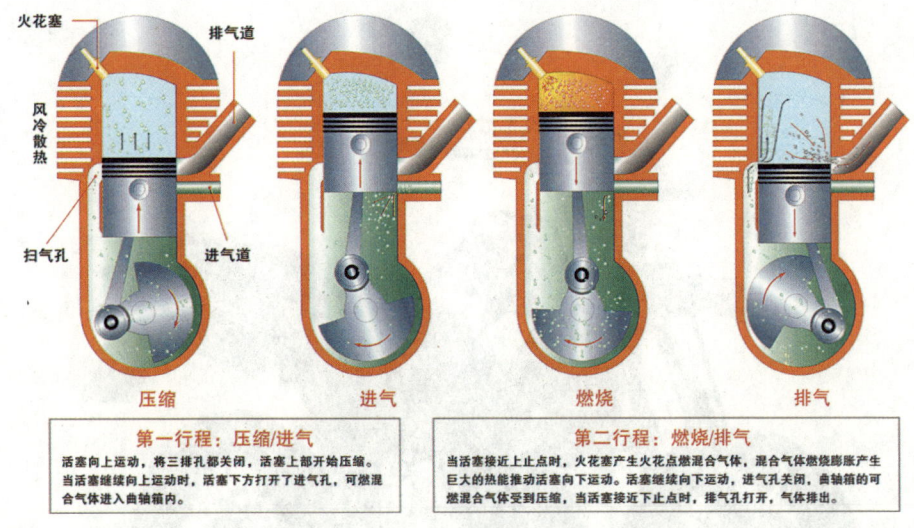

二冲程发动机工作原理

V-MAX

和其他摩托车品牌一样,雅马哈也有自己的经典车型 V-MAX。这一系列车型来自 1985 年,当年的香港媒体称它为"魔神"。到了 2009 年,新型的 V-MAX 面市。它的超大扭力、超强功率、流线型造型,依旧是人们喜爱的典范。

雅马哈发动机

知识卡片

越野车

越野车是一种为越野而特别设计的汽车。主要特点是四轮驱动,较高的底盘、较好抓地性的轮胎、较高的排气管、较大的马力和粗大结实的保险杠。越野车不但可以在野外适应各种路面状况,而且给人一种粗犷豪迈的感觉,在城市里,也有很多人喜欢开越野车。

雅马哈摩托车

五、铃木摩托车

公司简介

对我们来说，铃木摩托车并不陌生，其中以铃木 GN125 系列更为知名。铃木早在 1952 年开始生产 50cc 轻型摩托车，70 年代产量即达到 100 万辆，是日本第三大摩托车生产企业。铃木摩托车在 80 年代已经进入中国内地销售，同时与中国企业开展技术合作，目前比较知名的合资企业有济南轻骑铃木和南京金城铃木。

50cc 轻型摩托车

济南轻骑铃木

南京金城铃木

济南轻骑铃木

摩托车有限公司于1994年成立,是以轻骑牌摩托车为龙头。作为合资的龙头企业,济南轻骑铃木引进了日本铃木压力机、机加工等主要数控设备和TOPICS计算机生产管理系统,采用了铃木设计标准、工艺标准、检测标准和生产管理方式等,彻底执行"5S"现场管理和提案改善管理系统。除此之外,铃木公司技术专家长年驻厂负责生产和技术管理,保障每一款产品都达到铃木全球标准。

济南轻骑铃木

的最大功率可以达到135千瓦,速度超过200千米/小时。

压力机

一种能使滑块作往复运动,并按所需方向给模具施加一定压力的机器,压力机是一种结构精巧的通用性压力机,具有用途广泛、生产效率高等特点,压力机可广泛应用于切断、冲孔、落料、弯曲、铆合和成形等工艺。

2008B-KING

2008B-KING 是铃木的经典车型,同时也是该公司摩托车的精华所在。它的设计外观霸气逼人,让很多摩托车爱好者热血沸腾。据统计,它

世界知名摩托车——各领风骚

铃木的经典车型

六、道奇战斧

公司简介

道奇是克莱斯勒汽车公司旗下的子品牌之一。创始人约翰·道奇和霍瑞德·道奇兄弟曾是亨利·福特的股东和董事,他们在创业初期为福特汽车生产零件。好风频借力,由于福特公司的成功,道奇兄弟也因此获益不少,并开始发展自己的公司,甚至逐步成为了福特的对手。道奇兄弟于1919年脱离福特公司。后来,道奇成为克莱斯勒汽车集团公司的骨干企业。

道奇战斧

道奇战斧

今天,还有人不知道大名鼎鼎的道奇战斧吗?这个被誉为全世界最快的摩托车由于车速实在过快,目前还没有相关法规允许它任意在公路上行驶。

据统计,道奇战斧的8.3升的引擎可产生500马力。重680千克的战斧启动2.5秒就可以加速到96千米/小时,理论最高速度为482千米/小时。该车的每对轮胎相隔十几厘米,拥有独立悬挂系统。

知识卡片

悬挂系统

悬挂系统在车辆中就是连接车轮和车体之间有弹簧和减震桶的减震器部分,主要是吸收地面传到车里的颠簸。悬挂系统主要有以下几种:独立悬挂系统、多连杆悬挂系统、麦佛逊式悬挂系统、拖曳臂式悬挂系统。

世界知名摩托车——各领风骚

道奇战斧

图说公路轻骑兵——摩托车

七、钱江

钱江摩托

浙江钱江摩托股份有限公司在浙江东南沿海的温岭市，是由浙江钱江摩托集团有限公司（2000年7月更名为钱江集团有限公司）和马来西亚金狮明钢有限公司共同组建的。

钱江作为国产的大品牌，在设备上十分舍得投入资金。它拥有摩托车行业最精良的设备群，为钱江摩托车关键件全部自制提供了强大的技术设备力量，在硬件上有可靠的质量保证。

钱江应用德国易卜森公司多用炉以及热处理的先进工艺，在热处理方面已经处于国内领先水平；电镀拥

钱江摩托

世界知名摩托车——各领风骚

装饰铬

有装饰铬、硬铬、塑料及铭合金电镀自动线,采用世界一流的电镀添加剂,使电镀工艺达到了国内的领先水平;重力铸造、低压铸造实现零的突破,形成了一定的技术实力和生产能力;涂装拥有日本兰氏全自动喷涂机的流水线,使涂装质量接近日本水平。

钱江自1998年起开始引进美国航天减磨技术,并全面投入到产品的应用之中。多年来在广大用户中已经深植了耐磨、省油的良好口碑。钱江在自身研发优势的基础上进一步加强与美国航天减磨技术的结合,在2004年成功推出了钱江耐磨二代产品,将耐磨指标进一步提升。这在国内所有本土及合资品牌中是绝无仅有的。二代耐磨是钱江产品独有的技术优势。5000千米内不换机油,5万千米接近零磨损指标,以及2000千米放光机油行驶。实验数据已经证明了钱江与其他品牌在耐磨本质上的区别。

钱江FAI电喷技术

2005年10月,钱江FAI电喷产品隆重上市。FAI电喷技术以技术的独特性、领先性,对中国摩托车产业产生了巨大的影响。有媒体称"钱江FAI,开启中国摩托电喷时代",说明这是一项在业内具有划时代意义的技术创新。FAI是专门应用做中小排量发动机的电子燃油喷射技术

图说公路轻骑兵——摩托车

采用了电喷技术的摩托

体系,成功地解决了电喷系统应用在摩托车领域的技术、成本、安全和维护等几大难题。

 知识卡片

电镀

　　电镀就是利用电解原理在某些金属表面上镀上一薄层其它金属或合金的过程,是利用电解作用使金属或其它材料制件的表面附着一层金属膜的工艺,从而起到防止腐蚀,提高耐磨性、导电性、反光性及增进美观等作用。

电镀

150

八、豪爵

豪爵品牌

豪爵摩托是中国驰名品牌，旗下有十几个系列、100多个款式的摩托车产品，多年来一直是国内摩托车第一品牌。旗下有许多国内驰名的产品子品牌，如：钻豹、海王星、银豹、福星、悦星、锐爽EN、GN太子、天鹰、天玉、悦冠、喜运、宇钻、红宝等。

豪爵摩托车的主要生产厂家是江门市大长江集团有限公司。这个公司于1992年1月建立，目前是中国最大的摩托车制造企业，也是日本铃木株式会社在中国最大的合作伙伴和出口基地。

海王星

天鹰

锐爽 EN

豪爵摩托车

大长江集团国内生产基地所生产的"豪爵"和"SUZUKI"系列摩托车，100%采用国际上最先进的技术标准，出口70多个国家和地区。

豪爵摩托车的国际市场

豪爵摩托车除了在国内十分抢手之外，还远销国外70多个国家和地区，包括日本、韩国、巴西、墨西哥、印尼等许多国家，出口量和出口额都名列行业前茅。

知识卡片

经济效益

经济效益是通过商品和劳动的对外交换所取得的社会劳动节约，就是用尽量少的劳动耗费取得尽量多的经营成果，或者用同等的劳动耗费取得更多的经营成果。经

"SUZUKI"系列摩托车

豪爵摩托

济效益是资金占用、成本支出与有用生产成果之间的比较。

第6章 世界知名摩托车——各领风骚

九、宗申

宗申摩托车队的成立

宗申摩托车队在1999年5月成立，前身是中国公路摩托车队。1998年2月，法国著名的摩托车技术和运动专家米歇尔受中国摩协委任组建中国公路摩托车队。同年，米歇尔率领几名在广州街头飙车的年轻车手，在没有落实赞助、没有赛车、没有工具的情况下，直奔比利时参加世界摩托车队锦标赛24小时耐力赛。虽然他们最后没有完成比赛，但仍被请上了颁奖台。这是因为中国人第一次参加世界公路摩托车锦标赛。

公路摩托

宗申摩托车队成立后，由米歇尔担任教练兼队长，并重新签约了中国澳门籍苏社雄、中国香港籍罗匡正和周浩云三名车手，参加世界摩托车锦标赛的耐力赛各分站赛。在法国波尔多站获第14名创历史的好成绩，在国际摩联的年鉴上，第一次写上了中国车手的名字。在宗申摩托车队参加的第一年世界大赛中，中国车手良好的表现征服了国际摩坛的各方人士，被国外传媒称为中国在机械运动领域中的觉醒，是中国改革开放、经济繁荣、社会高度文明的象征。

宗申摩托车

"生产过剩"。左宗申认为，农村市场消费中，低档摩托车的高峰期还没有到来。

左宗申把未来5年的目标锁定在年产200万辆摩托车、300万台发动机上。

摩托车的市场利润

目前，我国摩托车行业的平均利润率不足5%，许多业内人士宣称中国摩托车工业是"夕阳工业"。对此，左宗申是坚决的反对者之一。他认为，中国的摩托车至少还有10~20年的生命期；摩托车的主要市场在农村，尽管农村市场的需求很大，但由于农民收入偏低，因购买力弱而导致

 知识卡片

改革开放

改革开放是20世纪70年代末中国开始实行的改革经济政策、对外开放的政策。改革开放包括对内改革和对外开放。中国的对内改革首先从农村开始，安徽省凤阳县小岗村开始实行"家庭联产土地承包责任制"，拉开了我国对内改革的大幕。

广阔的市场需求

十、标致摩托车

法国标致摩托车简介

法国标致雪铁龙集团（PSA）是世界500强企业之一。2005年销售汽车339万辆，销售收入563亿欧元，净利润19亿欧元，产品销往140个国家和地区，是欧洲第二大汽车生产商，欧洲市场份额达到14.3%。

法国标致摩托车制造公司（PMTC）是法国标致雪铁龙集团（PSA）全资子公司，于1898年创立，是世界上最早的摩托车制造商之一，具有超过100年的摩托车制造历史，主要从事两轮摩托车的设计、制造和销售，是欧洲第二大摩托车制造商，引领着踏板摩托车的发展方向。它的发展历程也正是世界摩托车技术进步的历史。

在标致摩托超过100年的发展历史里，伴随着一系列决定性的里程碑和技术突破。相对宝马和哈雷等历史悠久的摩托车生产厂商，标致摩托毫不逊色，甚至有过之而无不及。

标致摩托大事记

法国标致摩托设计风格独特，生产技术先进。标致摩托多次被评为最受欢迎的摩托车，并荣获摩托车设

两轮摩托车

标致摩托

计协会等欧洲权威组织评定的各种奖项。

1898年，标致摩托车公司成立；

1901年，第一辆标致1.5马力摩托车问世；

1907年，标致集团公司成立；

1976年，标致收购雪铁龙，成立PSA标致雪铁龙集团；

1995年，标致摩托车公司推出全地形摩托车——Squab；

2005年，标致力作——世界首辆配备涡轮增压引擎的运动型踏板

电子燃油喷注

车Jetforce125闪亮登场，应用电子燃油喷注和机械增加装置，同步刹车系统(SBC)加刹车辅助系统(PBS)；

2006年，法国标致与济南轻骑成功签约，成立济南轻骑标致摩托车有限公司，开启标致摩托全球战略。同年，标致新一代具有创新特色的大型摩托车上市，再一次以极佳的品质和独特的外形设计攫取了世界摩托车的领先地位；

2008年，全球首款三轮混合动力概念车标致HY-brid3Evolution亮相法国巴黎车展。这辆车由一台300cc的增压发动机搭配两台电动机组成混合动力系统，最大功率为41匹，还配备了制动力回收系统，可以将制动所产生的能量转化为电能储存到锂离子电池中，该车百公里油耗仅为2升；

2010年，标致摩托车正式登陆中国市场。

运动型踏板车

新款标致摩托车

涡轮增压

　　涡轮增压，是一种利用内燃机运作所产生的废气驱动空气压缩机的技术。与超级增压器(机械增压器)功能相似，两者都可增加进入内燃机或锅炉的空气流量，从而令机器效率提升。

图书在版编目（CIP）数据

图说公路轻骑兵．摩托车 / 左玉河，李书源主编．-- 长春：吉林出版集团有限责任公司，2012.4
（中华青少年科学文化博览丛书 / 李营主编．科学技术卷）

ISBN 978-7-5463-8862-5-03

Ⅰ．①图… Ⅱ．①左… ②李… Ⅲ．①摩托车－青年读物②摩托车－少年读物 Ⅳ．①U483-49

中国版本图书馆CIP数据核字（2012）第053558号

图说公路轻骑兵、摩托车

作　　者	左玉河　李书源
责任编辑	张西琳
开　　本	710mm×1000mm　1/16
印　　张	10
字　　数	150千字
版　　次	2012年4月第1版
印　　次	2021年5月第4次
出　　版	吉林出版集团股份有限公司（长春市福祉大路5788号龙腾国际A座）
发　　行	吉林音像出版社有限责任公司
地　　址	长春市福祉大路5788号龙腾国际A座13楼　邮编：130117
印　　刷	三河市华晨印务有限公司

ISBN 978-7-5463-8862-5-03　　定价／39.80元

版权所有　侵权必究　举报电话：0431-86012893